プロが教える

相続税調査の要諦

調査官はここを見る！

税理士・不動産鑑定士
東北 篤【著】

清文社

はじめに

　日本人の平均寿命は80歳代ですが、間もなく、いわゆる団塊の世代がその年齢に到達します。近い将来、相続税申告は、確実に増加することになるでしょう。

　本書は、相続税調査の傾向と対策について著者自身の経験をもとに解説したものですが、相続税は他税目と異なり、特殊な税金です。なぜかといいますと、相続税は被相続人が生前から相続対策を行い、後世に遺された相続人がその結果を受けて申告するという、被相続人と相続人の二人三脚による長期的な対策が必要な税金だからです。

　しかしながら、相続税申告を受託した税理士は、被相続人の死亡後に初めて相続人と巡り会い、相続財産の申告書を作成するだけのいわば「一見さん」の場合が多く、そのようなケースでは丁寧な相続対策を練ることは、到底できるものではないと考えられます。

　本書は、被相続人の生前からの預貯金及び有価証券等の資産管理方法や相続税申告時の対策を解説しており、相続税調査対策を万全のものにするための解説書です。

　第1章では、相続税調査を中心にそのポイントと対策を記しています。効果のある対策を行うためには納税者の方と、相続税申告をする税理士が一体とならなければ目的を達することができないため、その両者にご理解していただけるよう記しております。

　第2章では、不動産評価と調査対応のポイントについて、実務経験者の立場から詳しく解説しています。

　本書は、私が税務の職場で、相続税調査あるいは不動産評価のプロとして、長年培った経験と知識の集大成といえるものです。拙い部分もあろうかとは思いますが、参考にしていただき、相続税申告と税務調査を無事に済ませていただけましたら、本書の目的は達せられたものと思います。

　令和元年11月

税理士・不動産鑑定士　東北　篤

第1章 相続税調査で調査官はここを見る！

第2章 不動産評価と調査対応のポイント

（注）本書の内容は、令和元年11月1日現在の法令等に基づいています。

相続税調査で調査官は
ここを見る！

　下図は、平成27年（2015年）国勢調査（抽出速報集計）の結果による日本の人口ピラミッドです。この人口ピラミッドの際立つ特徴は、大きな隆起が二つあることです。

　上の方の隆起は、いわゆる「団塊世代」（1947 〜 49年生まれ）、下の方の隆起は、いわゆる「団塊ジュニア」（1971 〜 74年生まれ）です。団塊世代に当たる66歳人口は216万人、団塊ジュニアに当たる41歳人口は197万人となっており、1歳児人口100万人の2倍前後にも達する大きな規模の人口となっています。

　間もなく、団塊世代が平均寿命に到達し、日本の人口減少に拍車がかかりますが、それに伴い相続税の申告が必要となる者が増加することが予想されます。

（注）年齢は、平成27年時点のものです。

■ 日本の人口ピラミッド

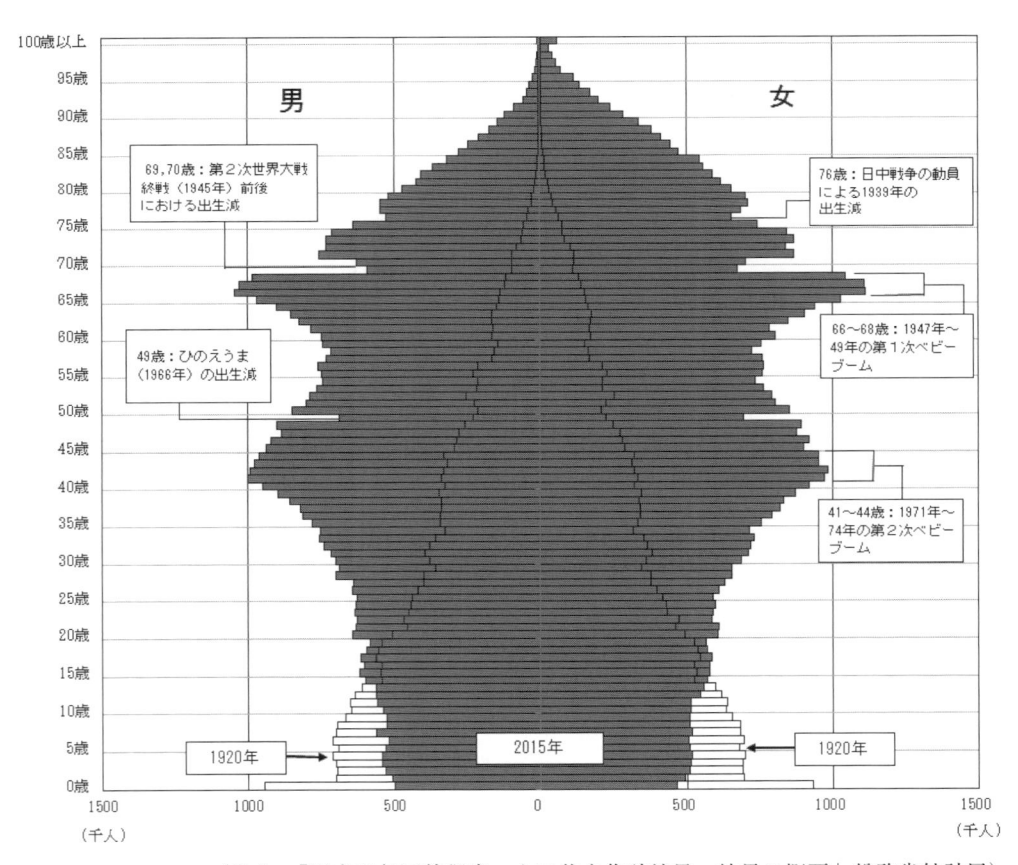

（出典：「平成27年国勢調査　人口基本集計結果　結果の概要」総務省統計局）

　また、相続税財産についてみますと、近年三大都市圏をはじめとした都市部やインバウンドによる観光地等の地価上昇傾向がみられ、相続財産に大きなウェイトを占める不動産が相続財産価格を底上げしていると考えられます。

　これにより、都市部等の地価上昇地域に不動産を保有している方々の相続税申告財産額が増加し、相続税の申告が必要な被相続人が増加するのではないかと予想されます。

　以上のことから、将来的には、人口、財産価額の両面から相続税申告が増加するものと予想されます。

2 相続税の申告状況

(1)　被相続人数の増加と相続税の申告状況等

　平成27年分から相続税の基礎控除額が従来の60％に引き下げられ、下表のとおり課税対象となる被相続人数（亡くなられた方）が増加しました。

　課税される被相続人数は、平成26年分約5万6千人から平成27年分約10万3千人に増加し、約1.8倍となりました。

　課税割合は、平成26年分4.4％から平成27年分8.0％へと約1.8倍の増加で、基礎控除引下げの影響が表れています。

　なお、平成29年中に亡くなられた方（被相続人数）は約134万人（平成28年約131万人）、このうち相続税の課税対象になった被相続人数は約11万2千人（平成28年約10万6千人）です。課税割合は8.3％（平成28年8.1％）で、平成28年より0.2ポイント増加しています。

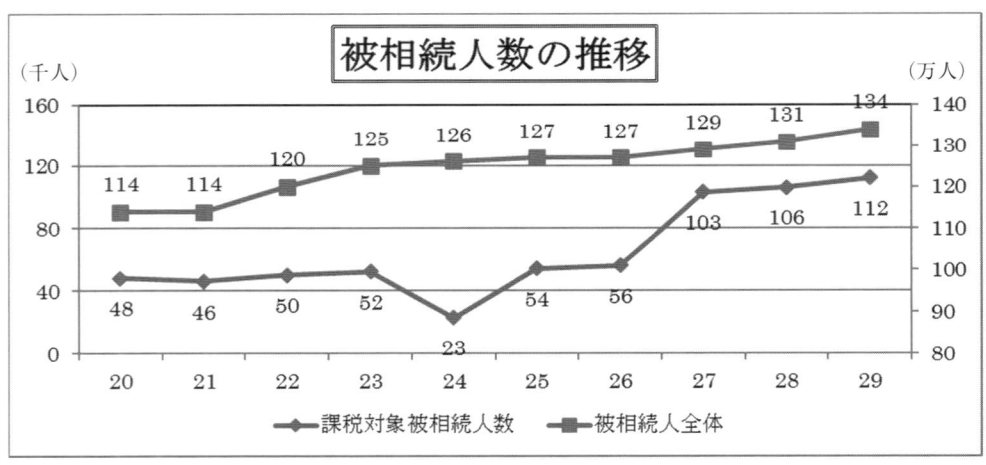

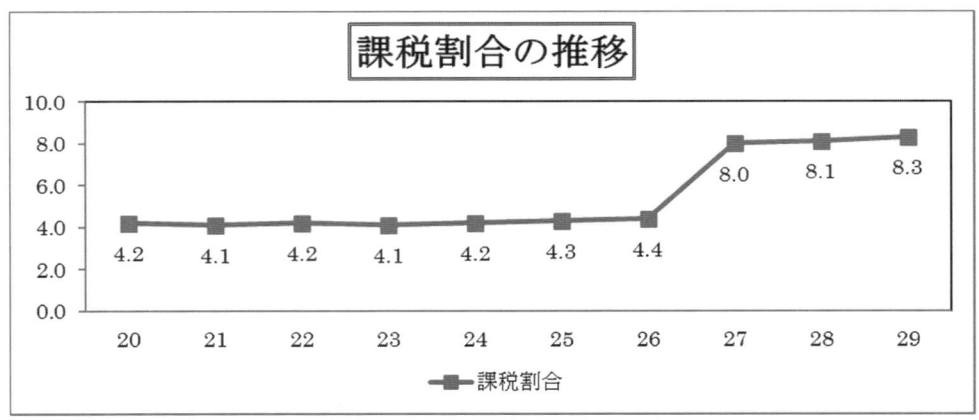

（出典：国税庁ホームページ）

(2)　相続税の最新の申告事績

　相続税の平成29年分の申告事績は下表のとおりです。課税価格、税額とも高額で富裕層の税金であることが分かります。

①　全国の状況について

> （全国）
>
> 1　被相続人数等
>
> 　平成29年中に亡くなられた方（被相続人数）は約134万人（平成28年約131万人）、このうち相続税の課税対象となった被相続人数は約11万2千人（平成28年約10万6千人）で、課税割合は8.3％です。
>
> 2　課税価格
>
> 　課税価格の合計は15兆5,884億円（平成28年14兆7,813億円）で、被相続人1人当たりでは1億3,952万円（平成28年1億3,960万円）です。
>
> 3　税額
>
> 　税額の合計は2兆185億円（平成28年1兆8,681億円）で、被相続人1人当たりでは1,807万円（平成28年1,764万円）と高額です。

②　東京国税局の状況について

> （東京国税局）
>
> 1　被相続人数等
>
> 　平成29年中に亡くなられた方（被相続人数）は約26万5千人（平成28年約25万7千人）、このうち相続税の課税対象となった被相続人数は約3万5千人（平成28年約3万3千人）で、課税割合は13.2％であり、平成28年より0.4ポイント増加しました。全国8.3％と比べて高く、課税対象となった被相続人数では東京局が全国の3割を占めます。
>
> 2　課税価格
>
> 　課税価格の合計は5兆5,942億円（平成28年5兆2,818億円）で、被相続人1人当たりでは1億6,001万円（全国1億3,952万円の15％増し）です。
>
> 3　税額
>
> 　税額の合計は8,705億円（平成28年8,140億円）で、被相続人1人当たりでは2,490万円（全国1,807万円の38％増し）です。

③　富の一局集中

　東京国税局管内における全国の課税対象となった被相続人数に占める割合は約31％で

す。また、課税価格の約36％、税額の約43％を占めます。

これに対して大阪国税局管内は、全国の課税対象となった被相続人数に占める割合は約16％ですが、課税価格・税額とも約17％しかありません。

東京局では相続人1人当たりの課税価格や税額も大きく、富の一局集中化が読み取れます。

■ 相続税の申告状況（全国、東京国税局、大阪国税局）

項目	年分等	（注1）平成28年分	（注2）平成29年分	対前年比	全国に占める割合 東京国税局	大阪国税局
①	被相続人数（死亡者数）（注3）	人 1,307,748	人 1,340,397	％ 102.5	％ 19.8	％ 15.7
②	相続税の申告書の提出に係る被相続人数	人 外 31,011 105,880	人 外 32,153 111,728	％ 外 103.7 105.5	％ 外 41.1 31.3	％ 外 14.9 16.4
③	課税割合（②／①）	％ 8.1	％ 8.3	ポイント 0.2		
④	相続税の納税者である相続人数	人 238,550	人 249,576	％ 104.6	％ 31.3	％ 16.1
⑤	課税価格（注4）	億円 外 16,001 147,813	億円 外 16,535 155,884	％ 外 103.3 105.5	％ 外 38.5 35.9	％ 外 15.3 16.6
⑥	税額	億円 18,681	億円 20,185	％ 108.1	％ 43.1	％ 17.4
⑦	被相続人1人当たり 課税価格（⑤／②）	万円 外 5,160 13,960	万円 外 5,143 13,952	％ 外 99.7 99.9		
⑧	被相続人1人当たり 税額（⑥／②）	万円 1,764	万円 1,807	％ 102.4		

（注）1　平成28年分は、平成29年10月31日までに提出された申告書（修正申告書を除く。）データに基づいて作成している。
　　　2　平成29年分は、平成30年10月31日までに提出された申告書（修正申告書を除く。）データに基づいて作成している。
　　　3　「被相続人数（死亡者数）」は、厚生労働省政策統括官（統計・情報政策担当）「人口動態統計」による。
　　　4　「課税価格」は、相続財産価額に相続時精算課税適用財産価額を加え、被相続人の債務・葬式費用を控除し、さらに相続開始前3年以内の被相続人から相続人等への生前贈与財産価額を加えたものである。
　　　5　各年分とも、本書は相続税額のある申告書に係る計数を示し、外書は相続税額のない申告書に係る計数を示す。

(3)　相続財産の金額の構成比

相続財産の金額の構成比は、不動産41.9％（平成28年43.5％）、現金・預貯金等31.7％（平成28年31.2％）、有価証券15.2％（平成28年14.4％）の順です。

相続財産の構成割合の推移を見ると、不動産の構成割合は、かつて5割を超えていましたが、現在は約4割です。ただし、依然として不動産の割合が大きなウェイトを占めています。

近年三大都市圏や地方中核都市をはじめとした都市部やインバウンドによる観光地等の地価上昇傾向がみられ、相続財産に大きなウェイトを占める不動産が相続財産価格を

底上げしているものと考えられます。

　被相続人の自然増と上記の地価上昇により、都市部等の地価上昇地域に不動産を保有している方々にとって、相続税は他人ごとではなくなると予想されます。

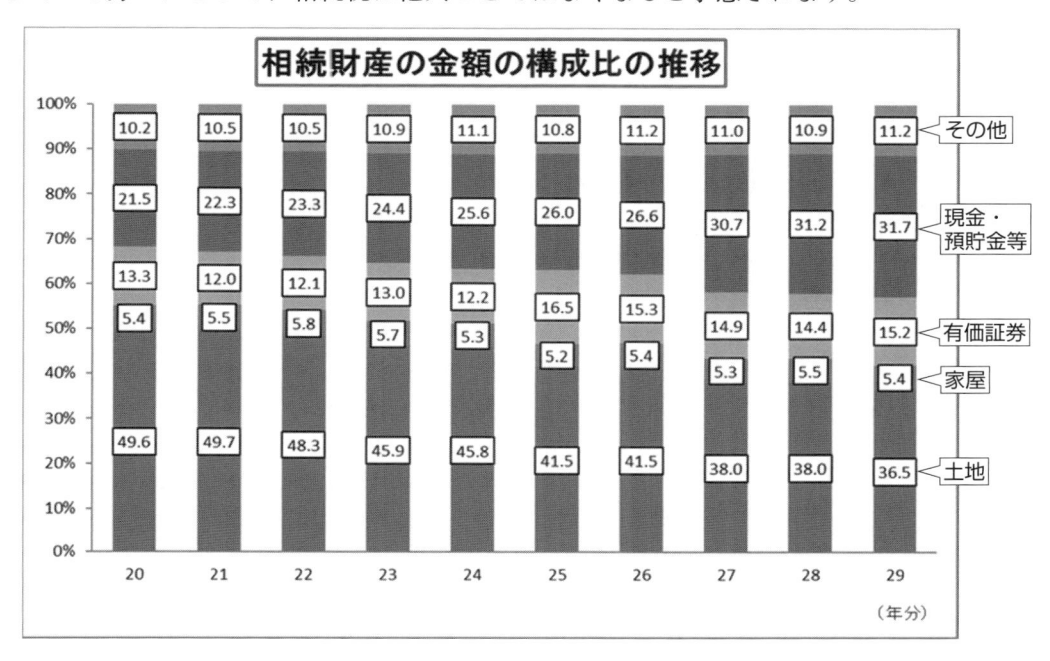

相続財産の金額の推移

年分＼項目	土地	家屋	有価証券	現金・預貯金等	その他	合計
	億円	億円	億円	億円	億円	億円
平成20年	58,497	6,385	15,681	25,363	12,091	118,017
21	54,938	6,059	13,307	24,682	11,606	110,593
22	55,332	6,591	13,889	26,670	12,071	114,555
23	53,781	6,716	15,209	28,531	12,806	117,043
24	53,699	6,232	14,351	29,988	12,978	117,248
25	52,073	6,494	20,676	32,548	13,536	125,326
26	51,469	6,732	18,966	33,054	13,865	124,086
27	59,400	8,343	23,368	47,996	17,256	156,362
28	60,359	8,716	22,817	49,426	17,345	158,663
29	60,960	9,040	25,404	52,836	18,688	166,928

　（注）　上記の計数は、相続税額のある申告（修正申告書を除く。）データに基づいて作成している。

（出典：国税庁ホームページ）

　相続財産の金額の構成比は、①不動産45.2％、②現金預金29.6％、③有価証券15.5％の順です。

　東京国税局管内は地価が高いので、不動産の割合が全国よりも高いです。

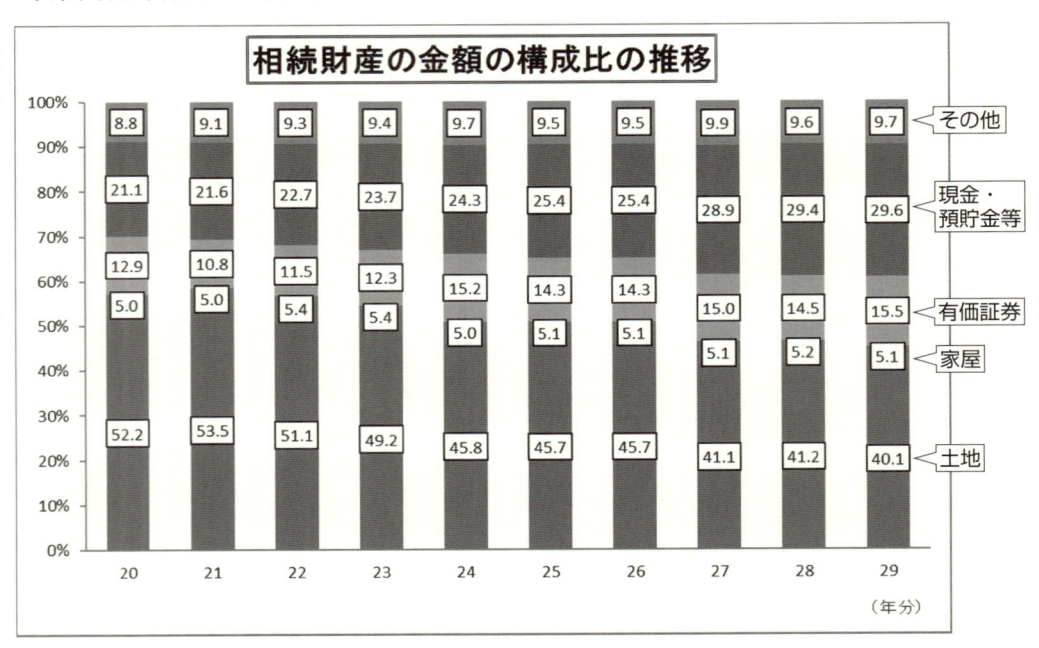

■ 相続財産の金額の推移

項目 年分	土地	家屋	有価証券	現金・ 預貯金等	その他	合計
	億円	億円	億円	億円	億円	億円
平成20年	24,055	2,294	5,922	9,718	4,069	46,058
21	22,149	2,090	4,471	8,942	3,766	41,418
22	22,427	2,350	5,029	9,940	4,131	43,877
23	21,719	2,398	5,430	10,457	4,115	44,119
24	22,042	2,260	4,986	10,975	4,385	44,648
25	22,108	2,407	7,355	11,709	4,680	48,259
26	21,939	2,454	6,866	12,179	4,556	47,994
27	23,160	2,853	8,430	16,281	5,571	56,295
28	23,658	2,985	8,334	16,875	5,523	57,375
29	24,391	3,106	9,430	17,984	5,876	60,787

　（注）　上記の計数は、相続税額のある申告（修正申告書を除く。）データに基づいて作成している。

（出典：国税庁ホームページ）

3 相続税の調査状況

(1) 調査の時期並びに実地調査件数及び申告漏れ等の件数等

国税局や税務署は、被相続人が死亡した後、1年半から2年半程度経過した相続を中心に、収集した資料情報から判断して申告額が過少であると想定される事案などを調査対象として選定しています。

実地調査の件数は12,576件（平成28事務年度12,116件）、このうち申告漏れ等があった件数は10,521件（平成28事務年度9,930件）で、その割合は83.7％（平成28事務年度82.0％）と高い割合です。

なお、「相続税の申告状況（全国、東京国税局、大阪国税局）」（6ページ）の平成29年分の相続税の申告書の提出に係る被相続人数111,728人に対する実地調査件数の割合は、対比する母体が相違しますが、約11.3％です。

(2) 申告漏れ課税価格の状況

申告漏れ課税価格は3,523億円（平成28事務年度3,295億円）で、実地調査1件当たりでは2,801万円（平成28事務年度2,720万円）と高額です。

(3) 追徴税額

追徴税額（加算税を含む。）は783億円（平成28事務年度716億円）です。

実地調査1件当たりでは623万円（平成28事務年度591万円）で申告漏れ課税価格と比例して高額です。

(4) 重加算税の賦課件数

申告内容に仮装隠ぺい等があった場合に賦課される重加算税賦課件数は1,504件（平成28事務年度1,300件）で賦課割合は14.3％（平成28事務年度13.1％）です。

■ 申告漏れの多い理由

> 相続税調査があれば何らかの申告漏れの指摘があると考えてもよいと思われます。
>
> この理由は、個人財産である相続財産が、法人税のように申告すべき財産に記帳義務があるわけではなく、また、財産管理運用者のご本人が死亡しており、財産明細をきっちり相続人に引き継げない場合があること、更に、申告すべき財産の内容が幅広く申告漏れが生じやすいことなどが挙げられます。

項目 \ 事務年度等		平成28事務年度	平成29事務年度	対前事務年度比
①	実地調査件数	件 12,116	件 12,576	% 103.8
②	申告漏れ等の非違件数	件 9,930	件 10,521	% 106.0
③	非違割合（②/①）	% 82.0	% 83.7	ポイント 1.7
④	重加算税賦課件数	件 1,300	件 1,504	% 115.7
⑤	重加算税賦課割合（④/②）	% 13.1	% 14.3	% 1.2
⑥	申告漏れ課税価格（※）	億円 3,295	億円 3,523	% 106.9
⑦	⑥のうち重加算税賦課対象	億円 540	億円 576	% 106.7
⑧	追徴税額 本税	億円 616	億円 676	% 109.7
⑨	追徴税額 加算税	億円 101	億円 107	% 106.7
⑩	追徴税額 合計	億円 716	億円 783	% 109.3
⑪	実地調査1件当たり 申告漏れ課税価格（※）（⑥/①）	万円 2,720	万円 2,801	% 103.0
⑫	実地調査1件当たり 追徴税額（⑩/①）	万円 591	万円 623	% 105.3

（※）「申告漏れ課税価格」は、申告漏れ相続財産額（相続時精算課税適用財産を含む。）から、被相続人の債務・葬式費用の額（調査による増減分）を控除し、相続開始前3年以内の被相続人から法定相続人等への生前贈与財産額（調査による増減分）を加えたものである。

（参考）東京国税局の調査の特徴

① 申告漏れ課税価格

　申告漏れ課税価格は904億円（平成28事務年度957億円）で、実地調査1件当たりでは2,699万円（平成28事務年度2,964万円）です。（全国2,801万円）

② 申告漏れ相続財産の金額の内訳

（1位）

　現金・預貯金等256億円（申告漏れ構成比29.0％）（全国34.1％）、申告構成比「現金・預貯金」29.6％

（2位）

　有価証券127億円（申告漏れ構成比14.4％）（全国15.2％）、申告構成比「有価証券」15.5％

（3位）

土地127億円（申告漏れ構成比14.4％）（全国11.8％）、申告構成比「土地」40.1％

上記により、全国に比べ東京国税局は、不動産の申告漏れ割合が多いことが分かります。

■ 相続税の調査状況（東京国税局）

項目		事務年度等	平成28事務年度	平成29事務年度	対前事務年度比
①	実地調査件数		件 3,227	件 3,348	% 103.7
②	申告漏れ等の非違件数		件 2,468	件 2,659	% 107.7
③	非違割合（②/①）		% 76.5	% 79.4	ポイント 2.9
④	重加算税賦課件数		件 233	件 262	% 112.4
⑤	重加算税賦課割合（④/②）		% 9.4	% 9.9	% 0.4
⑥	申告漏れ課税価格		億円 957	億円 904	% 94.5
⑦	⑥のうち重加算税賦課対象		億円 152	億円 121	% 80.0
⑧	追徴税額	本税	億円 244	億円 192	% 78.5
⑨		加算税	億円 40	億円 29	% 72.7
⑩		合計	億円 284	億円 221	% 77.7
⑪	実地調査1件当たり	申告漏れ課税価格（⑥/①）	万円 2,964	万円 2,699	% 91.1
⑫		追徴税額（⑩/①）	万円 880	万円 659	% 74.9

（参考）大阪国税局の調査の特徴

① 申告漏れ課税価格

申告漏れ課税価格は608億円（平成28事務年度589億円）で、実地調査1件当たりでは2,717万円（平成28事務年度3,016万円）です。（全国2,801万円）

② 申告漏れ相続財産の金額の内訳

（1位）

現金・預貯金等249億円（申告漏れ構成比42.1％）（全国34.1％）、申告構成比「現金・

預貯金」33.0%

（2位）

有価証券69億円（申告漏れ構成比11.7％）（全国15.2％）、申告構成比「有価証券」19.7％

（3位）

土地51億円（申告漏れ構成比8.6％）（全国11.8％）申告構成比「土地」30.2％

上記により、全国に比べ大阪国税局は、現金・預貯金の申告漏れ割合が多いことが分かります。

■ 相続税の調査状況（大阪国税局）

項目		事務年度等	平成28事務年度	平成29事務年度	対前事務年度比
①	実地調査件数		件 1,954	件 2,238	％ 114.5
②	申告漏れ等の非違件数		件 1,667	件 1,906	％ 114.3
③	非違割合（②/①）		％ 85.3	％ 85.2	ポイント ▲0.1
④	重加算税賦課件数		件 151	件 162	％ 107.3
⑤	重加算税賦課割合（④/②）		％ 9.1	％ 8.5	％ ▲0.6
⑥	申告漏れ課税価格		億円 589	億円 608	％ 103.2
⑦	⑥のうち重加算税賦課対象		億円 71	億円 67	％ 93.5
⑧	追徴税額	本税	億円 107	億円 107	％ 99.5
⑨		加算税	億円 16	億円 15	％ 93.6
⑩		合計	億円 123	億円 122	％ 98.7
⑪	実地調査1件当たり	申告漏れ課税価格（⑥/①）	万円 3,016	万円 2,717	％ 90.1
⑫		追徴税額（⑩/①）	万円 632	万円 544	％ 86.2

■ 相続税の調査状況

	事務年度等 項目	平成28 事務年度	平成29 事務年度	平成29事務年度				
				対前事務 年度比	全国に占める割合		全国との差	
					東京 国税局	大阪 国税局	東京 国税局	大阪 国税局
①	実地調査件数	件 12,116	件 12,576	% 103.8	% 26.6	% 17.8		
②	申告漏れ等の 非違件数	件 9,930	件 10,521	% 106.0	% 25.3	% 18.1		
③	非違割合 （②／①）	% 82.0	% 83.7	ポイント 1.7			ポイント ▲4.3	ポイント 1.5
④	重加算税賦課件数	件 1,300	件 1,504	% 115.7	% 17.4	% 10.8		
⑤	重加算税賦課割合 （④／②）	% 13	% 14	% 1.2			ポイント ▲4.1	ポイント ▲5.5
⑥	申告漏れ課税価格（※）	億円 3,295	億円 3,523	% 106.9	% 25.7	% 17.3		
⑦	⑥のうち 重加算税賦課対象	億円 540	億円 576	% 106.9				
⑧	追徴税額 本税	億円 616	億円 676	% 109.7	% 28.4	% 15.8		
⑨	追徴税額 加算税	億円 101	億円 107	% 106.7	% 27.1	% 14.0		
⑩	追徴税額 合計	億円 716	億円 783	% 109.3	% 28.2	% 15.6		
⑪	実地調査1件当たり 申告漏れ 課税価格（※） （⑥／①）	万円 2,720	万円 2,801	% 103.0			万円 ▲102	万円 ▲84
⑫	実地調査1件当たり 追徴税額 （⑩／①）	万円 591	万円 623	% 105.3			万円 36	万円 ▲79

（※）「申告漏れ課税価格」は、申告漏れ相続財産額（相続時精算課税適用財産を含む。）から、被相続人の債務・葬式費用の額（調査による増減分）を控除し、相続開始前3年以内の被相続人から法定相続人等への生前贈与財産額（調査による増減分）を加えたものである。

⑸ 調査の傾向と対策

　相続税調査を試験に例えますと、試験を出題する方が調査官、受験する方が納税者や税理士です。試験は出題されるところが分かっていると高得点を得ることができます。次ページの表によると調査される財産により軽重があることが分かります。

　したがって、申告に当たっては、内容をしっかりと把握して慎重に申告すべき分野等のポイントを押さえる必要があるわけです。

　要は、出題傾向（調査ポイント）とそれに対する対策（申告）を十分行うことにより、高得点をゲットできるわけです。言い換えれば、調査官による指摘を受けるリスクが低くなるわけです。

　申告漏れ相続財産の金額の内訳は、現金・預貯金等及び有価証券については相続税申告財産の構成に比べて、申告漏れの割合が高く、調査では現金・預貯金等及び有価証券の申告漏れの把握に重点を置いていることが分かります。

　したがって、現金・預貯金等及び有価証券の申告に当たっては、例えば、口座名義が被相続人名義でなく相続人名義等であっても、誰の所有であるかを十分に吟味して申告することが重要であるということが言えます。

■ 生前からの財産管理運用

> 　現金・預貯金等及び有価証券の管理運用面について、生前から日常的に自分自身の財産であるか親族等の財産であるか、所有を明確にし、判別できないといったことがないようにすることが重要です。
>
> 　財産の所有管理の明確化は、「亡くなってから」行うものではなく「生前に」行うものです。

　逆に、不動産は、相続財産に占める割合は大きいですが、申告漏れの割合が小さいことが分かります。

　ただし、不動産については、申告されている金額割合が大きく、１画地の金額も高額であるため、ひとたび申告漏れが生じると多額の修正申告が必要となる場合があるため、不動産の評価や申告にも注意が必要です。

　東京国税局管内については、地価が高額であるため特に注意が必要です。

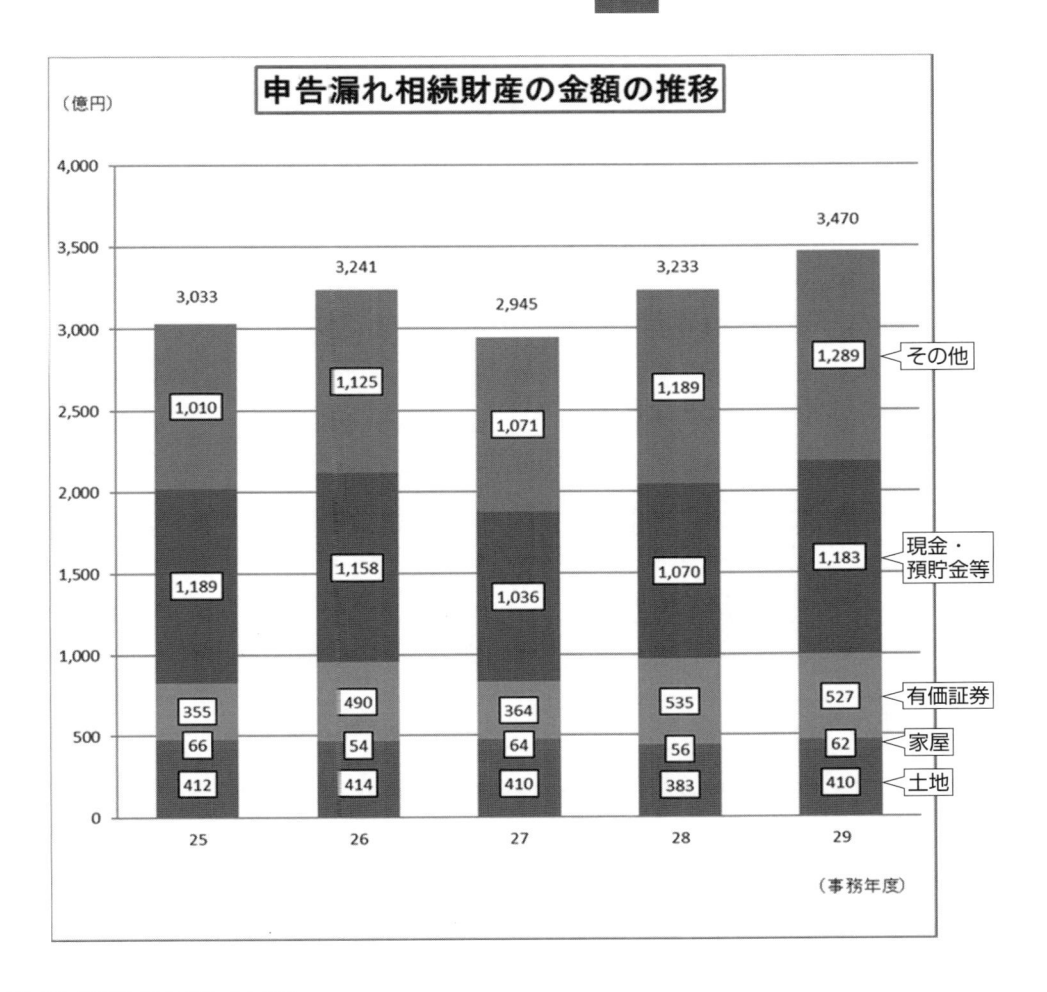

■ 平成29事務年度（全国）

順位	財産種類	申告漏れ額	①申告漏れ構成比	②申告構成比	①－②
1	現金・預金等	1,183億円	34.1%	31.7%	2.4ポイント
2	有価証券	527億円	15.2%	15.2%	±0.0ポイント
3	土　地	410億円	11.8%	41.9%	▲30.1ポイント

■ 平成29事務年度（東京国税局）

順位	財産種類	申告漏れ額	①申告漏れ構成比	②申告構成比	①－②
1	現金・預金等	253億円	29.0%	29.6%	▲0.6ポイント
2	有価証券	127億円	14.4%	15.5%	▲1.1ポイント
3	土　地	127億円	14.4%	40.1%	▲25.7ポイント

■ 平成29事務年度（大阪国税局）

順位	財産種類	申告漏れ額	①申告漏れ構成比	②申告構成比	①－②
1	現金・預金等	249億円	42.1%	33.0%	9.1ポイント
2	有価証券	69億円	11.7%	19.7%	▲8.0ポイント
3	土　地	51億円	8.6%	30.2%	▲21.6ポイント

■ 相続開始後の諸手続スケジュール（イメージ）

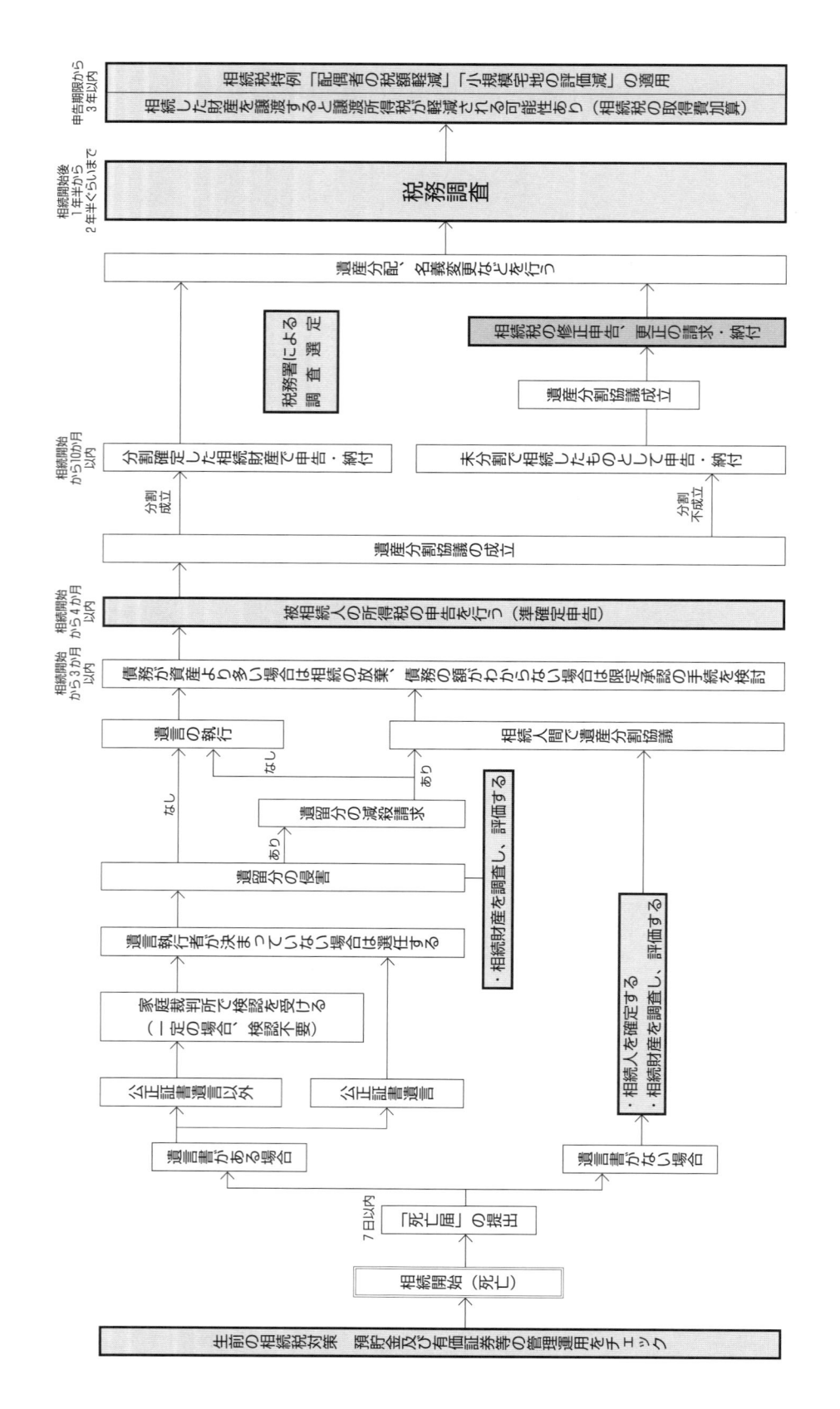

■ 相続税調査の流れ（グレーの部分は納税者等が関係する部分）

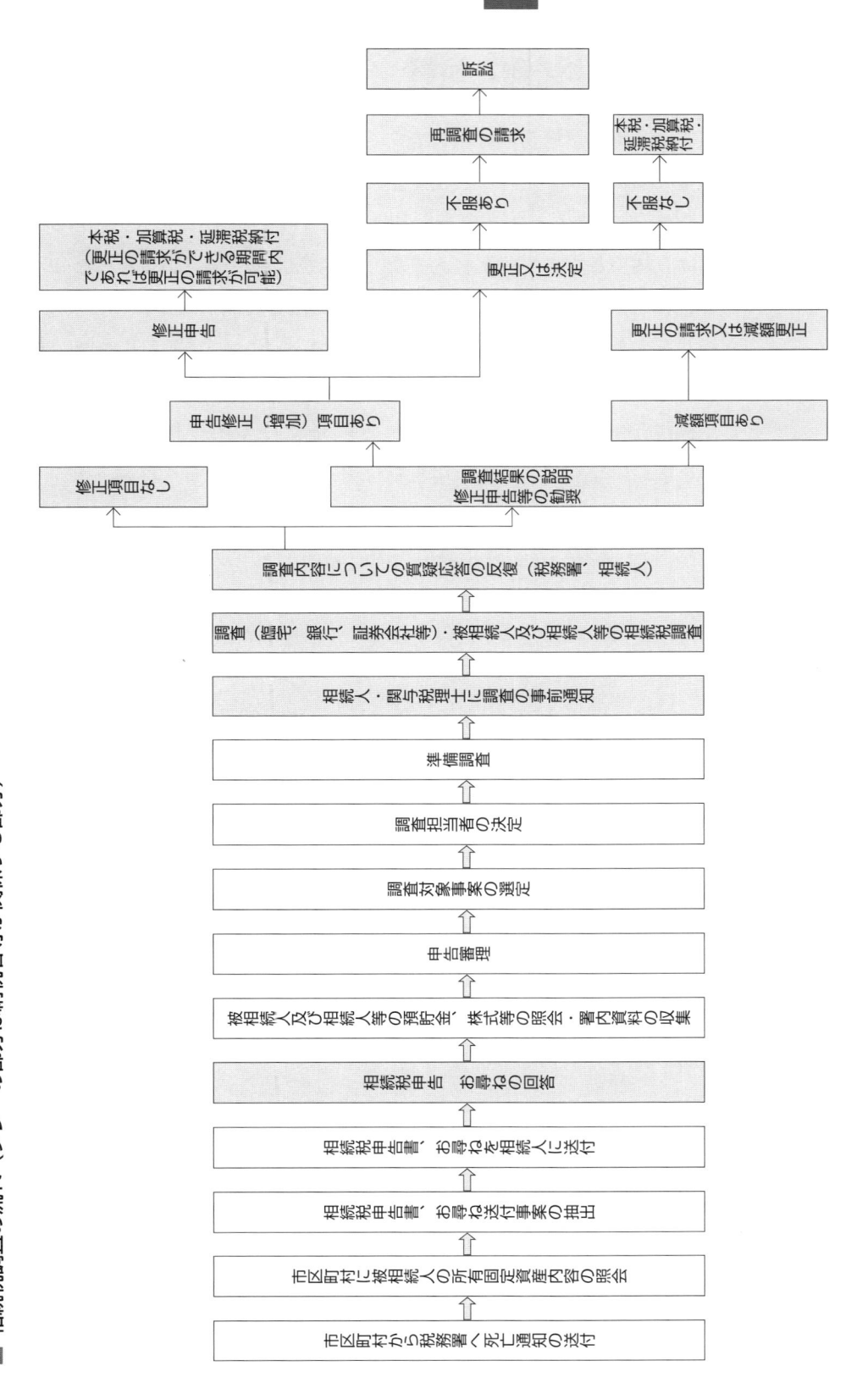

4 適正な申告と申告漏れ対策

　税務調査の目的は、課税が適正に行われているか、あるいは、申告の方法、内容が適切か否かを調べることにあります。相続税調査の状況を見ますと、平成29事務年度で非違割合が83.7％、言い換えますと10人調査を受けた場合にそのうち8人強が何らかの形で追徴課税を受ける結果となっています。また、相続税は課税価格が高額となりがちなことから、加算税、延滞税を合わせると追徴される税額も高額になる傾向にあります。つまり、いったん調査を受けると相続人にはかなりの精神的、経済的負担を強いられる可能性が高くなります。

　したがって、税務調査の対策を講ずる前に、まず、調査という土俵に上がらないために、申告漏れ等を未然になくし、適正な申告を行うことが肝要となります。そうすることにより、おのずと調査を受けるリスクも軽減できることとなります。

　相続税の申告に当たっては、「相続税の申告のためのチェックシート」や書面添付制度を活用することにより、ある程度は適正な申告というものを担保できるのではないかと考えます。

(1) 「相続税の申告のためのチェックシート」の活用

　先述しましたが、相続税の調査対策は、相続税申告書提出時から始まるのではなく、生前から始まります。

　相続税の申告書は、相続財産の内容を申告するものです。各相続財産について、生前の財産管理状況を踏まえ、次々ページの表の検討項目をチェックすることにより、名義預金、名義株等の把握が容易になり申告漏れを防止することができます。

　なお、次々ページの表は、国税庁作成のチェックシートをベースにしていますが、筆者の実務経験から更に追加的にチェックの必要がある項目を加えたものです（追加項目は下線を付した部分）。

(2) 書面添付制度の活用

① 書面添付制度の概要

　書面添付制度とは、税理士が作成した申告書に関して、作成した税理士が、どのような項目について、どの資料を、どの程度確認して、どのように検討・判断・調整したのか記載した書面を申告書に添付する制度です。納税者から相談を受けた事項も記載します（税理士法第33条の2）。

書面添付はあくまで税理士の権利により提出するものですが、その責任は税理士にあります。

② **書面添付制度の効果**

この制度は、税理士が税の専門家として計算等した書面を作成し、税務署が当該書面を尊重することにより税務執行の円滑化を図るという趣旨があり、質の高い書面添付を実践することにより、次のような効果が期待できます（36ページ以下の記載例参照）。

イ　申告書等の信頼性の向上につながる。

ロ　関与先にとっては、税務調査の省略や効率化が期待できる。

ハ　意見聴取制度により、実地調査前に税理士に対して意見聴取の機会があるため、意見聴取段階で解消された場合には、実地調査に至らない場合がある。

ニ　事前通知前に意見聴取された質疑等のみに起因して提出した修正申告書については、更生があることを予知してされたものとならないので加算税が賦課されることがない。

■ 相続税の申告のためのチェックシート（平成31年分以降用）（一部加工）
　（注）国税庁作成項目に筆者が追加したものは下線で示しています。

区分	検討項目	検討内容	検討済（レ）	検討資料
相続財産の分割等		① 遺言書はありますか。	☐	○ 家庭裁判所の検認を受けた遺言書又は公正証書による遺言書の写し
		② 相続人に未成年はいませんか。	☐	○ 特別代理人選任の審判の証明書
		③ 戸籍の謄本等がありますか。	☐	○ 戸籍の謄本等（注1）
		④ 遺産分割協議書がありますか。	☐	○ 遺産分割協議書の写し、各相続人の印鑑証明書（注2）
相続財産	不動産	① 未登記不動産はありませんか。	☐	○ 所有不動産を証明するもの（固定資産税評価証明書、登記事項証明書等）
		② 共有不動産はありませんか。	☐	
		③ 先代名義の不動産はありませんか。	☐	
		④ 他の市区町村に所在する不動産はありませんか。	☐	
		⑤ 日本国外に所在する不動産はありませんか。	☐	
		⑥ 他人の土地の上に存する建物（借地権）及び他人の農地を小作（耕作権）しているものはありませんか。	☐	○ 賃貸借契約書、小作に付されている旨の農業委員会の証明書
		⑦ 貸付地について、「土地の無償返還に関する届出書」は提出されていませんか。	☐	○ 土地の無償返還に関する届出書
		⑧ 土地に縄延びはありませんか。	☐	○ 実測図等
	事業（農業）用財産	○ 事業用財産又は農業用財産の計上漏れはありませんか。	☐	○ 資産・負債の残高表、所得税青色申告決算書・収支内訳書

区分	検討項目	検討内容	検討済（レ）	検討資料
相続財産	有価証券	① 株式・出資・公社債・貸付信託・証券投資信託の受益証券等の計上漏れはありませんか。	□	○ 証券、株券、通帳又はその預り証
		② 名義は異なるが、被相続人に帰属するものはありませんか（無記名の有価証券も含みます）。	□	○ 証券、株券又はその預り証
		③ 増資等による株式の増加分や端株についての計上漏れはありませんか。	□	○ 配当金支払通知書（保有株数表示）
		④ 株式の割当を受ける権利、配当期待権はありませんか。	□	○ 評価明細書等
		⑤ 日本国外の有価証券はありませんか。	□	
	現金・預貯金	① 相続開始日現在の残高で計上していますか。（現金の残高も確認しました）	□	
		② 相続開始直前の多額の預貯金の引出しの有無を確認し、申告すべき現金の額を検討しています。	□	○ 預貯金・金銭信託等の残高証明書、預貯金通帳等
		③ 郵便貯金も計上していますか。	□	
		④ 名義は異なるが、被相続人に帰属するものはありませんか（無記名の預金も含みます）。	□	
		⑤ 日本国外の預貯金はありませんか。	□	
		⑥ 既経過利息の計算は行っていますか。利息は、相続開始日に解約するとした場合の利率で計算し、その額から源泉徴収税額相当額を控除します。	□	
	家庭用財産	○ 家庭用財産の計上漏れはありませんか。	□	

区分	検討項目	検討内容	検討済 （レ）	検討資料
相続財産	生命保険金・退職手当金等	① 生命保険金の計上漏れはありませんか。	☐	○ 保険証券、支払保険料計算書、所得税及び復興特別所得税の確定申告書（控）等
		② 生命保険契約に関する権利の計上漏れはありませんか。	☐	
		③ 契約者が家族名義などで、被相続人が保険料を負担していた生命保険契約はありませんか。	☐	
		④ 退職手当金の計上漏れはありませんか。	☐	○ 退職金の支払調書、取締役会議事録等
		⑤ 弔慰金、花輪代、葬祭料等の支給を受けていませんか（退職手当金等に該当するものはありませんか）。	☐	
		⑥ みなし相続財産となる生命保険金について、保険金とともに支払われた剰余金や前払保険料がある場合で財産価値のあるものは課税財産に含めましたか。	☐	
	立木	○ 樹種、樹齢等は確認されていますか。	☐	○ 立木証明書、森林経営計画書、森林簿、森林組合等の精通書意見など
	その他の財産	① 貸付金、前払金等はありませんか。	☐	○ 法人税の確定申告書（控）、借用証等
		② 庭園設備はありませんか。	☐	○ 現物の確認
		③ 自動車、ヨット等はありませんか。	☐	（最近取得している場合は、取得価額の分かる書類）
		④ 貴金属（金地金等）、書画、骨とう等はありませんか。	☐	
		⑤ ゴルフ会員権やレジャークラブ会員権の計上漏れはありませんか。	☐	○ 会員証（券）
		⑥ 未収給与、未収地代・家賃等はありませんか。	☐	○ 賃貸借契約書、通帳、領収書（控）
		⑦ 未収配当金の計上漏れはありませんか。	☐	
		⑧ 電話加入権の計上漏れはありませんか。	☐	○ 評価証明書
		⑨ 特許権、著作権、営業権等はありませんか。	☐	○ 総勘定元帳、決算書
		⑩ 未収穫の農産物等はありませんか。	☐	○ 所得税及び復興特別所得税の準確定申告書（控）

区分	検討項目	検討内容	検討済（レ）	検討資料
		⑪ 所得税及び復興特別所得税の準確定申告の還付金はありませんか。	☐	○ 保険証券、支払保険料計算書、所得税及び復興特別所得税の確定申告書（控）等
		⑫ 損害保険契約に関する権利の計上漏れはありませんか。	☐	
		⑬ 相続開始前の資産の譲渡代金が相続財産に反映されていますか。	☐	
		⑭ 被相続人と他の者との共有財産の有無及び課税対象となる被相続人の持分を確認しましたか。	☐	
		⑮ 被相続人に支給されるべきであった公的年金の未支給分で、相続後に相続人等が支給されたものを相続財産に含めていませんか（相続人に帰属する一時所得）。	☐	
債務・葬式費用	債務	① 借入金、未払金、未納となっていた固定資産税、所得税などの計上漏れはありませんか。	☐	○ 納付書、納税通知書、請求書、手形
		② 預り保証金（敷金）等の計上漏れはありませんか。	☐	○ 賃貸借契約書
		③ 相続を放棄した相続人はいませんか。	☐	○ 相続権利放棄申述の証明書
	葬式費用	① 法要や香典返しに要した費用が含まれていませんか。	☐	○ 領収書、請求書等
		② 墓石や仏壇の購入費用が含まれていませんか。	☐	

区分	検討項目	検討内容	検討済（レ）	検討資料
生前贈与財産の相続財産への加算		【相続時精算課税】		○ 贈与税の申告書（控）
		① 相続時精算課税に係る贈与によって取得した財産は加算していますか。	☐	○ 申告書第11の２表
		② 相続時精算課税適用者がいる場合に必要な書類を添付していますか。	☐	○ 被相続人の戸籍の附票の写し（注３） ○ 相続時精算課税適用者の戸籍の附票の写し（相続時精算課税適用者が平成27年１月１日において20歳未満の者である場合には提出不要です）（注３）
		【暦年課税】		
		① 相続開始前３年以内に贈与を受けた財産は加算していますか（基礎控除額未満の贈与も含みます）。	☐	○ 贈与証書、贈与税の申告書（控）、預貯金通帳
		② 配偶者が相続開始の年に被相続人から贈与を受けた居住用不動産又は金銭を特定贈与財産としている場合に必要な書類を添付していますか。	☐	○ 申告書第14表 ○ 配偶者の戸籍の附票の写し（注４） ○ 居住用不動産の登記事項証明書

区分	検討項目	検討内容	検討済 (レ)	検討資料
評価	不動産	① 土地の評価は実測面積によっていますか。	☐	○ 実測図
		（法務局関係資料）		
		・正確な地積測量図がある場合は実測面積で申告していますか。	☐	
		・法務局備付の公図により評価する場合、精度の高いもの（14条地図）を使用して評価していますか。	☐	○ 精度の高い公図（14条地図等） ○ 精度の低い公図等（地図に準ずる図面）
		・地役権について確認できていますか。	☐	○ 地役権図面
		（市町村役所関係資料）		
		② 市町村の固定資産税課税明細書や固定資産税名寄帳により所有不動産の申告漏れ有無の確認を行っていますか。	☐	○ 固定資産税名寄帳
		③ 容積率が異なる土地等について都市計画図により確認をしていますか。	☐	○ 都市計画図
		④ 申告する土地に関する精度の高い図面等がない場合、現地に赴き、間口、奥行等をウォーキングメジャー等により簡易測量していますか。	☐	○ 建築計画概要書 ○ 固定資産税評価明細書 ○ 土地の賃貸借契約書、住宅地図
		⑤ 路線価方式による宅地等の評価において、各種の画地調整（奥行価格補正、側方路線影響加算、二方路線影響加算、間口狭小補正、奥行長大補正、不整形地補正など）の適用誤りはありませんか。	☐	
		⑥ セットバックを要する土地等について道路幅員を確認していますか。	☐	
		⑦ 路線価方式による宅地等の評価に際し、地区区分（普通商業・併用住宅地区・普通住宅地区など）の見誤りはあり	☐	

区分	検討項目	検討内容	検討済（レ）	検討資料
		ません。		
		⑧ 土地等の評価単位の判定に誤りはありませんか。	☐	
		⑨ 路線価が設定されていない私道等に面する宅地等の評価に際し、「特定路線価」の設定の申出をしましたか。	☐	
		⑩ 地積規模の大きな宅地などの評価は適正に行われていますか。	☐	
		⑪ 空室のある賃貸建物がある場合に、家屋を貸家とし、その敷地を貸家建付地として評価できることを確認しましたか。	☐	
	不動産（続き）	⑫ 貸付地は地上権や賃借権又は借地借家法に規定する借地権が設定されている土地ですか。	☐	○ 土地の賃貸借契約書、住宅地図
		⑬ 土地の地目は現況地目で評価し、画地計算に誤りはありませんか（現況地目と固定資産税評価明細書の現況地目は同じですか）。	☐	○ 土地及び土地の上に存する権利の評価明細書、固定資産税評価証明書
		⑭ 固定資産税評価額、財産評価基準の倍率、路線価並びに計算に誤りはありませんか。	☐	○ 固定資産税評価証明書
		⑮ 借地権割合、借家権割合に誤りはありませんか。	☐	
		⑯ 市街地周辺農地は20％評価減をしていますか。	☐	
		⑰ 市街地農地は20％評価減をしていませんか。	☐	○ 市街地農地等の評価明細書
		⑱ 市街地農地等の宅地造成費の計算誤りはありませんか。	☐	
		⑲ たな卸資産である不動産の評価は適正ですか。	☐	

区分	検討項目	検討内容	検討済（レ）	検討資料
評価	非上場株式	① 取引相場のない株式の評価方法（原則的評価、特例的評価）の判定に誤りはありませんか。	☐	
		② 取引相場のない株式の評価方法において、評価会社の規模（大会社、中会社、小会社）は適正に判定されていますか。	☐	
		③ 取引相場のない株式の評価に際し、「特定の評価会社」に該当するか否かを検討しましたか。	☐	
		④ 取引相場のない株式を類似業種比準方式で評価する場合において、類似業種の判定（業種目番号の選定）に誤りはありませんか。	☐	
		⑤ 類似業種比準額の計算要素（1株当たりの配当金額、利益金額、簿価純資産価額）の算定は的確に行われていますか。	☐	
		⑥ 配当・増資がある場合の類似業種比準価額の修正の要否を確認しましたか。	☐	
		⑦ 課税時期に仮決算を行った場合の資産・負債の額により評価するほうが有利になるにもかかわらず、前期末現在の資産・負債によって評価していませんか。	☐	
		⑧ 取引相場のない株式を純資産価額方式で評価する場合に資産及び負債の計上額は適切に算定されていますか。	☐	

区分	検討項目	検討内容	検討済（レ）	検討資料
非上場株式（続き）		⑨ 貸借対照表に計上されていない借地権はありませんか。	□	○ 土地の賃貸借契約書
		⑩ 機械等に係る割増償却額を修正していますか。	□	
		⑪ 法人の受取生命保険金及び生命保険の権利の評価を資産計上していますか。	□	
		⑫ 財産的価値のない繰延資産を資産計上していませんか。	□	○ 法人税の確定申告書（控）
		⑬ 準備金、引当金（平成14年改正法人税法附則第8条第2項及び第3項適用後の退職給与引当金を除きます）を負債計上していませんか。	□	○ 取引相場のない株式の評価明細書
		⑭ 死亡退職金を負債計上していますか。	□	
		⑮ 受取生命保険金の保険差益について、課される法人税額等を負債計上していますか。	□	
		⑯ 未納公租公課を負債計上していますか。	□	○ 納税通知書
		⑰ 3年以内に取得した土地建物等は、「通常の取引価額」で計上していますか。	□	○ 不動産売買契約書、登記事項証明書
		⑱ 配当期待権が発生している場合等の原則的評価額の修正の要否を確認しましたか。	□	

区分	検討項目	検討内容	検討済（レ）	検討資料
	上場株式等	① 上場株式の評価に誤りはありませんか。 ② 利付債、割引債を額面で評価していませんか。 ③ 公社債は利付債と割引債等に区分し、市場価格を確認した上で価額の算定をしましたか。 ④ 課税時期の最終価格の算定に際し、配当落等の有無を確認しましたか。	☐ ☐ ☐ ☐	
	立木	① 被相続人および包括受遺者の取得したものについて15%の評価減をしていますか。 ② 林地の実面積で評価していますか。	☐ ☐	○ 山林・森林の立木の評価明細書 ○ 実測図等

区分	検討項目	検討内容	検討済（レ）	検討資料
特例	小規模宅地等	① 小規模宅地等の特例の適用において、対象宅地等の区分（特定事業用宅地等、特定同族会社事業用宅地等、特定居住用宅地等、貸付事業用宅地等）ごとに適用要件を満たすことを確認しましたか。 ② 特例を適用する場合に必要な書類を添付していますか。	☐ ☐	○ 申告書第11・11の2表の付表1 ○ 申告書第11・11の2表の付表1（別表） ○ 遺言書又は遺産分割協議書の写し及び印鑑証明書（注2）
		イ 特定居住用宅地等に該当する場合 ・特例を適用する場合に必要な書類を添付していますか。	☐	○ 特例の適用を受ける宅地等を自己の所有の用に供していることを明らかにする書類（特例の適用を受ける人が被相続人の配偶者である場合又はマイナンバー（個人番号）を有するものである場合には提出不要です）
		・被相続人の親族で、相続開始前3年以内に自己等の所有する家屋に居住したことがないことなど一定の要件を満たす人が、被相続人の居住の用に供されていた宅地等について特例の適用を受ける場合に必要な書類を添付していますか。 ※ 一定の経過措置がありますので、詳しくは「相続税の申告のしかた」をご確認ください。	☐	○ 相続開始前3年以内における住所又は居所を明らかにする書類（特例の適用を受ける人がマイナンバー（個人番号）を有する者である場合には提出不要です） ○ 相続開始前3年以内に居住していた家屋が、自己、自己の配偶者、三親等内の親族又は特別の関係がある一定の法人の所有する家屋以外の家屋である旨を証する書類 ○ 相続開始の時において自己の居住している家屋を相続開始前のいずれかの時においても所有していたことがないことを証する書類

区分	検討項目	検討内容	検討済（レ）	検討資料
特例	小規模宅地等（続き）	・被相続人が養護老人ホームに入所していたことなど一定の事由により相続開始の直前において被相続人の居住の用に供されていなかった宅地等について特例の適用を受ける場合に必要な書類を添付していますか。	□	○　被相続人の戸籍の附票の写し ○　介護保険の被保険者証の写し、障害福祉サービス受給者証の写し等
		□　一定の郵便局舎の敷地の用に供されている宅地等で、特定事業用宅地等に該当する場合に必要な書類を添付していますか。	□	○　施設への入居時における契約書の写し等 ○　総務大臣が交付した証明書
		ハ　特定同族会社事業用宅地等に該当する場合に必要な書類を添付していますか。	□	○　法人の定款の写し ○　法人の発行済株式の総数（又は出資の総額）及び被相続人等が有するその法人の株式の総数（又は出資の総額）を記載した書類でその法人が証明したもの
		ニ　貸付事業用宅地等に該当する場合に必要な書類を添付していますか。 ※　貸付事業用宅地等が平成30年4月1日以後に新たに被相続人等の特定貸付事業の用に供されたものであるときに限ります。	□	○　過去4年分の所得税青色申告決算書（不動産所得用）の写しなど被相続人等が相続開始の日まで3年を超えて特定貸付事業を行っていたことを明らかにする書類

区分	検討項目	検討内容	検討済(レ)	検討資料
特例	小規模宅地等（続き）	③ 特定居住用宅地等は、取得者ごとの居住継続（相続開始の直前から相続税の申告期限まで引き続きその家屋に居住していること、所有継続（相続税の申告期限まで有していること）の要件を満たしていますか。	☐	
		④ 居住用の部分と貸付用の部分があるマンションの敷地等については、それぞれの部分ごとに面積をあん分して軽減割合を計算していますか。	☐	○ 賃貸借契約書等
		⑤ 貸付事業用宅地等（不動産貸付業、駐車場業、自転車駐車場業及び準事業）について、特定事業用宅地等として80%減をしていませんか。	☐	○ 収支内訳書（不動産所得用）
		⑥ 面積制限の計算を適正にしていますか。	☐	○ 申告書第11・11の2表の付表1
		⑦ 貸付事業用宅地等と他の小規模宅地等を併用適用する場合に、減額される金額が最も大きくなるように選択をしましたか。	☐	
		⑧ 未分割の宅地に適用していませんか。	☐	○ 遺言書又は遺産分割協議書
		○ 未分割の場合に「申告期限3年以内の分割見込書」を添付していますか。	☐	○ 申告期限3年以内の分割見込書
	特定計画山林	① 調整限度額の計算を適正にしていますか。	☐	○ 申告書第11・11の2表の付表2又は付表2の2
		② 特例を適用する場合に必要な書類を添付していますか。	☐	○ 遺言書又は遺産分割協議書の写し及び印鑑証明書（注2）
				○ 森林経営計画書の写し
				○ 特例の適用を受ける資産の内容の分かるもの
		○ 未分割の場合に「申告期限3年以内の分割見込書」を添付していますか。	☐	○ 申告期限3年以内の分割見込書

区分	検討項目	検討内容	検討済（レ）	検討資料
特例	農地等の納税猶予	① 期限内申告ですか。 ② 遺言書又は遺産分割協議書がありますか。 ③ 被相続人は死亡の日まで、特例適用農地について農業を営んでいましたか。 ④ 贈与税の納税猶予の特例の適用を受けていた場合、特例適用者は相続人であり、かつ、速やかに農業経営を開始しその特例農地等を計上していますか。 ⑤ 現況が農地等以外の土地又は特定市街化区域等（都市営農農地等を除きます）に特例を適用していませんか。 ⑥ 必要な書類を添付していますか。	□ □ □ □ □ □	○ 贈与税の申告書（控） ○ 遺言書又は遺産分割協議書の写し及び印鑑証明書（注2） ○ 農業委員会の適格者証明書等 ○ 担保の提供に関する書類
課税価格		① 生命保険金及び死亡退職金についての非課税控除の適用・計算に誤りはありませんか。 ② 被相続人に保証債務・連帯債務がある場合の債務控除の適用可能性について検討しましたか。 ③ 申告書第1表の⑥のAは各人の課税価格の合計額となっていますか。	□ □ □	
基礎控除額		① 法定相続人数は戸籍謄本等で確認しましたか。 ② 代襲相続人はいますか。 ③ 養子縁組（又は取消し）した人はいませんか。 ④ 法定相続人の数に含める養子の数は確認しましたか（実子がいない場合には1人、実子がいる場合には2人となります）。	□ □ □ □	○ 戸籍の謄本等（注1）

区分	検討項目		検討内容	検討済（レ）	検討資料
税額計算等	税額加算		① 相続人以外で遺贈・死因贈与により財産を取得された方はいませんか。	□	○ 遺言書、贈与契約書
			② 相続又は遺贈により財産を取得した物が孫（代襲相続人を除きます）や兄弟姉妹、受遺者等の場合は、税額の２割加算をしていますか。	□	
	税額計算		① 法定相続分の計算は正しくされていますか。（特に相続人に代襲相続人がいる場合）。	□	
			② 相続財産の全部又は一部が未分割である場合の配偶者の税額軽減額の計算において、適用対象財産価額の算定に誤りはありませんか。	□	
			③ 遺産が未分割の場合の課税価格や税額の計算、申告方法や申告期限後に分割された場合の手続等について依頼者に説明しましたか。	□	
	税額控除		○ 贈与税額控除、未成年者控除、障害者控除や相次相続控除などの控除額に誤りはありませんか。	□	○ 贈与税の申告書（控）、障害者手帳、戸籍の謄本等（注１）、相続税の申告書
	配偶者税額軽減	配偶者の取得財産については分割済	① 遺言書又は遺産分割協議書の写しを添付しましたか。	□	○ 遺言書又は遺産分割協議書の写し
			② 共同相続人等全員（特別代理人がいる場合には、特別代理人を含みます。）の印鑑証明書を添付しましたか。	□	○ 印鑑証明書（注２）
		未分割（全部又は一部）	○ 未分割の場合に「申告期限３年以内の分割見込書」を添付していますか。	□	○ 申告期限後３年以内の分割見込書

その他検討項目	検討済（レ）
① 生前の土地等の譲渡代金は相続財産に反映されていますか。	☐
② 法令の適用誤り、税額の計算誤り等はありませんか。	☐
③ 被相続人の所得税及び復興特別所得税について確定申告が必要な場合は、相続開始日の翌日から4か月以内に行う必要があります。	☐
④ 相続税の延納、物納をされる場合は、申請書を相続税の申告書と同時に提出する必要があります。	☐
⑤ 相続税の還付申告の方は、還付される税額の受取場所を申告書第1表の付表2に記載してください。	☐
⑥ 相続税の申告書に記載されたマイナンバー（個人番号）について、税務署で本人確認（①番号確認及び②身元確認）を行うため、申告書に記載された各相続人の本人確認書類の写しを添付する必要があります。 　なお、e-Taxにより申告手続を行う場合には、本人確認書類の提示又は写しの提出が不要です。 　（注）相続税の申告書は、令和元年10月1日以降、e-Taxを利用して提出（送信）することができます。	☐

注1　「戸籍の謄本等」は次のいずれかの書類（複写したものを含みます）を提出してください。
　　①　相続開始の日から10日を経過した日以後に作成された「戸籍の謄本」で、被相続人の全ての相続人を明らかにするもの
　　②　図形式の「法定相続情報一覧図の写し」（子の続柄が、実子又は養子のいずれかであるかが分かるように記載されたものに限ります）
　　　　なお、被相続人に養子がいる場合には、その養子の戸籍の謄本又は抄本（複写したものを含みます）も提出してください。
　　2　配偶者に対する相続税額の軽減、小規模宅地等、特定計画山林及び農地等の納税猶予の特例を受ける場合は、「印鑑証明書」は必ず原本を提出してください。
　　3　「戸籍の附票の写し」（複写したものを含みます）は相続開始の日以後に作成されたものに限ります。
　　4　「戸籍の附票の写し」は被相続人からの贈与を受けた日から10日を経過した日以後に作成されたものに限ります。

相続税申告書（平成○○年○○月○○日相続開始）に係る

税理士法第33条の2第1項に規定する添付書面　33の2①

受付印

平成○年○月○日
○○税務署長　殿

※整理番号

税理士又は税理士法人	氏名又は名称	税理士　　　　　　　　　　　　　　　印
	事務所の所在地	電話（　）○○○○-○○○○
書面作成に係る税理士	氏　名	税理士　　　　　　　　　　　　　　　印
	事務所の所在地	電話（　）○○○○-○○○○
	所属税理士会	税理士会　　○○支部　　　登録番号　第○○○○○号
税務代理権限証書の提出		有（相続税）　　　・　　　無
依頼者	氏名又は名称	被相続人　○○○○　　　相続人　○○○○
	住所又は事務所の所在地	電話（　）○○○○-○○○○

　私（当法人）が申告書を作成し、計算し、整理し、又は相談に応じた事項は、下記1～4に掲げる事項であります。

1　自ら作成記入した帳簿書類に記載されている事項

帳簿書類の名称	作成記入の基礎となった書類等
相続税申告書 土地・建物等の評価明細書 取引相場のない株式評価明細書一式 財産並びに債務の確認書	戸籍謄本、固定資産税評価額明細書、公図、住宅地図、預貯金残高証明書、借入金残高証明書、預貯金通帳、定期預金証書、生命保険金支払通知書、生命保険に係る解約返戻金証明書、損害保険解約返戻金証明書、葬式費用の利用請求明細書、各種租税公課通知書、遺産分割協議書、被相続人の履歴書、㈱○○の関係帳簿等（株主台帳、議事録、決算書、内訳書、法人税申告書）、土地家屋の賃貸借契約書、住民票、印鑑証明書

2　提示を受けた帳簿書類（備考欄の帳簿書類を除く。）に記載されている事項

帳簿書類の名称	備考
上記1の「作成の基礎となった書類等」の他、家族名義の預金通帳、株主名簿、被相続人の贈与税申告書、相続人の贈与税申告書、被相続人の生前の所得税確定申告書、死亡後の準確定申告書	被相続人の財産だけでなく、家族の財産についても確認し、生前贈与や、名義借財産がないか、確認することが重要です。

※事務処理欄	部門	業種			意見聴取連絡事績		事前通知等事績	
					年　月　日	税理士名	通知年月日	予定年月日

| | | ※整理番号 | |

3　計算し、整理した主な事項

	区分	事　　項	備　　考
(1)	土地評価	利用状況等について現地確認した上で、測量図を基に画地調整を行い評価した。 　不整形地の評価では、想定整形地に十分留意して不整形地補正率を適用して評価した。	住宅地図、公図 固定資産税評価額明細書
	貸家建付地	貸店舗の一部が、長期間空室となっているので、賃貸割合を考慮して評価した。	賃貸借契約書
	家屋評価	貸家集合住宅にあっては、入居状況の相続開始前後を含め十分に検討の上、賃貸割合を算定した。	管理会社からの年間収支明細一覧表
	預貯金等	まず生前の所得収入を確認ののち、預貯金口座等への入金状況の検討、次に口座相互間の入出金状況の検討と使途の確認 　家族名義の預貯金が実質的に被相続人の支配下にあったことから、相続財産に計上した。 　特に不動産譲渡代金の流れは十分に確認した。	残高証明書 預貯金通帳等 売買契約書
	取引相場のない株式	被相続人が主宰する㈱○○の取引相場のない株式の評価は、純資産価額方式により、直前期末の貸借対照表を基礎として、土地等の簿価を相続税評価額に置き換えて計算した。また今回の被相続人の死亡より、同法人が、生命保険金を受け取り、これを原資として退職金を支払っていることから、これを資産及び負債に計上した。	取引相場のない株式の評価計算について、具体的に確認した事項やその計算根拠を記載することが重要です。
(2)	(1)の内顕著な増減事項 特になし	増　減　理　由	
(3)	(1)の内会計処理方法に変更等があった事項 特になし	変　更　等　の　理　由	

4　相談に応じた事項

事　項	相　談　の　要　旨
二次相続について	今回の遺産分割の中で、妻分の相続財産について、二次相続の相談を受けた。将来のことは予想に過ぎないが、平成２７年分の相続より基礎控除の縮減があるため、二次相続を試算した上での、相続税を検討した上での判断が重要との助言をした。
相続した土地の売却	相続人が、相続した土地を売却予定なので、所定の期間内に売却すると、相続税の取得費加算の特例をを受けることができる事を説明した。
相続開始前３年以内の贈与	相続開始前３年以内の、被相続人から相続人に対する贈与については、相続財産に加算する必要がある旨を説明した。
㈱○○が支払う死亡退職金及び弔慰金について	㈱○○が支払う退職金及び弔慰金について、相続税の課税関係等に関する相談を受けたので、その趣旨と相続税の非課税について、また弔慰金については、業務外の死亡であり、その場合の非課税範囲内の金額を説明した。

> 主宰法人からの死亡退職金及び弔慰金等について相続税の非課税等について、検討した事を記入します。

5　その他

（総合所見）
　以上の通り、依頼者からの提示書類はもとより、提示書類からの検討の結果、更に必要と認め追加提示を求めた書類の範囲内に於いて、当申告は事実に基づき正確かつ適正に処理している。

　また、最終的には、書面添付兼業務チェックリストを用いた、項目全般に渡って確認したものである。

「3 計算し、整理した主な事項」の区分別の記載事例（その1）

※整理番号

3 計算し、整理した主な事項

区　分	事　項	備　考
（1） 【土地】	土地の評価は、現地確認により利用状況を確認し、公図及び測量図を基に、土地の形状や建物の建築状況を考慮した上で、評価した。	住宅地図、公図、測量図、登記事項証明書、固定資産税評価証明書
	先代名義の土地は確認できなかった。	
	実測面積で計算した。	
	貸ビルAの敷地である○○町○○－○（宅地）の評価は、貸ビルA全●室のうち●室は相続開始日以前から長期間空室であり、一時的に空室となっていたものではないため、賃貸割合に応じて、貸家建付地と自用地部分にあん分して算出した。	賃貸借契約書、過去の所得税の確定申告書・決算書(控)
	貸ビルCの駐車場敷地である○○町○○－○（宅地）の評価は、駐車場の契約者及び利用者がすべて貸ビルの賃借人であり、かつ、貸ビルの敷地内の駐車場であるなど、駐車場の貸付けの状況がビルの賃貸と一体と認められたため、全体を貸家建付地として評価した。	賃貸借契約書、過去の所得税の確定申告書・決算書(控)
	○○町○○－○（宅地）は、被相続人が、主宰する㈱Bに賃貸し、同法人が貸ビルを建てて利用されていた。評価に当たっては、当該賃貸借について、無償返還の届出書の提出を確認し、自用地評価額の80％相当額で評価した。また㈱Bの株式評価上、純資産価額に20％相当額を計上した。	賃貸借契約書、無償返還の届出書
	○○町○○－○（宅地）は、評基通24－4の広大地の評価で評価した。	別紙「●」参照
【建物】	貸ビルD（○○町○○－○）は、相続開始時点における貸付状況を確認した上で、賃貸割合に応じて評価した。	固定資産税評価証明書、賃貸借契約書、過去の所得税の確定申告書・決算書(控)
	○○町○○－○の建物は、相続開始時において建築中であったため、その家屋の費用現価の100分の70に相当する金額によって評価した。	請負契約書、領収書

「3 計算し、整理した主な事項」の区分別の記載事例（その2）

3 計算し、整理した主な事項

区　分	事　項	備　考
（1）【有価証券】	㈱Eの家族名義等の株式の帰属を検討した結果、親族・知人名義の株式●株は、配当金が設立時から被相続人名義の〇〇銀行〇〇支店に振り込まれており、また、名義人が株主総会等に出席していないなどの理由から被相続人に帰属すると判断したため、相続財産として計上した。	定款、株主名簿、法人税申告書、預金通帳、預かり証
	各相続人及び孫名義の上場株式については、贈与税の申告をするなど、贈与の事実があることから、被相続人の財産とは認められなかった。	贈与税申告書（控）
	㈱Fの株式の評価に当たっては、純資産価額の算定において、被相続人の死亡を保険事故として、㈱Fが生命保険金を受け取り、これを原資として、退職金を支払っていることから、資産の部に「生命保険金請求権」、負債の部に「保険差益に対する法人税額等相当額」及び「未払退職金」をそれぞれ計上した。	法人税申告書（控）
	上場株式については、〇〇証券〇〇支店及び〇〇証券〇〇支店の2社と取引があり、各証券会社から顧客勘定元帳を過去●年分取り寄せ確認の上、相続財産の計上を行った。	顧客勘定元帳
	預金通帳（被相続人名義〇〇銀行〇〇支店）から、相続開始●年前に、〇〇証券〇〇支店からの振込み等があったため、〇〇証券〇〇支店の取引の有無を確認したが、相続開始日現在での取引はなかった。	預金通帳、残高証明書
	〇〇証券〇〇支店に、妻G名義の取引があり、顧客勘定元帳を過去●年分確認したところ、妻名義の口座には被相続人名義の株式が現物入庫されており、妻に確認したところ、贈与の事実もなく、管理運用状況から、〇〇証券〇〇支店で取引されている妻G名義の口座は、被相続人に帰属する財産であることが確認されたため、相続財産として計上した。	顧客勘定元帳
【現金、預貯金】	現金については、相続人からの聴き取り及び預貯金の取引状況により確認した。	預金通帳、過去の確定申告書（控）
	預貯金については、家族名義も含めて、過去●年間の取引状況、相続人の収入及び生活状況を勘案の上、検討した。	
	妻H名義の〇〇銀行〇〇支店の定期預金（●口●万円）は、被相続人の経常収入（不動産収入）を原資とし、作成されたものであり、妻に確認したところ、贈与の事実もなく、管理運用状況から、被相続人に帰属する財産であることが確認されたため、相続財産として計上した。	
	既経過利息も含めて相続財産に計上した。	

「3 計算し、整理した主な事項」の(1)の区分別の記載事例（その3）

			※整理番号	

3 計算し、整理した主な事項

	区　分	事　項	備　考
(1)	【その他の財産】	○○生命保険の保険契約は、契約者が妻K名義及び長男L名義であったが、保険料は、被相続人名義の○○銀行○○支店の普通預金から出金されていたことから、保険料負担者は被相続人と判断し、生命保険に関する権利として相続財産に計上した。	保険証券、過去の確定申告書(控)
	【債務、葬式費用】	借入金については、残高証明書、相続人からの聴き取り及び資産の取得状況から確認した。	残高証明書
		預かり保証金については、賃貸借契約書により確認した。	賃貸借契約書、過去の所得税の確定申告書・決算書(控)
		葬式費用は、領収書により確認した。	領収書

「3 計算し、整理した主な事項」の(2)の顕著な増減事項の記載例

	(1)のうち顕著な増減事項	増　減　理　由
(2)	【建物、現金・預貯金、債務】	相続開始の3年前に建築した貸アパート(○○町○○－○)の建築資金は、被相続人名義の○○銀行○○支店の普通預金の●万円と○○銀行○○支店の借入金の●万円により捻出されている。
	【現金・預貯金】	相続開始7年前より、医療費として年間●万円の出金が認められた。
	【現金・預貯金】	相続開始直前の平成○年○月○日に○○銀行○○支店の被相続人名義の普通預金から出金された●万円は、長男が葬儀に備え出金したものであり、相続開始時点では現金で手元に保管されているものと認められたため、現金として計上した。
	【現金・預貯金】	相続開始3年前に○○町○○－○(宅地)を●万円で譲渡しており、税金●万円のほか、●万円は上記の貸アパート(○○町○－○)の建築資金に充て、残り●万円については、○○銀行○○支店の貸金庫に保管していたため、相続時点でも現金で保管されているものと認められたため、現金として計上した。

「4 相談に応じた事項」の記載例

事　項	相　談　の　要　旨
【相続財産の範囲】	財産の名義にかかわらず被相続人に帰属する財産は相続財産として計上する必要がある旨を相続人に説明した上で、相続人及びその家族の名義財産について、贈与関係、保有状況及び取引状況を確認した。
【遺産分割協議】	申告に当たっては、各種特例を最大限に活用できるよう遺産分割を行いたい旨の相談があり、本件に適用可能である相法19の2(配偶者に対する相続税額の軽減)及び措法69の4(小規模宅地等についての相続税の課税価格の計算の特例)の各規定を最大限に適用する場合の計算方法について説明した。 この結果、すべての相続人の合意のもと、居住用建物の敷地について、小規模宅地等の特例を適用することとした。

（出典：日本税理士会連合会ホームページ（会員専用ページ）「書面添付制度に係る書面の良好な記載事例と良好でない記載事例集」より抜粋）

5 税務署における調査対象の選定

(1) 調査の選定対象として考えられるもの

　納税者の方は、税務署がどのような事案を調査対象として選定するのか興味があるところだと思います。

　選定される事案は、次のような例が考えられます。

■ 調査対象となる例

Case 1	遺産が一定額以上の事案
Case 2	被相続人の人的要因
Case 3	流動資産が多い事案
Case 4	高額所得者
Case 5	高額譲渡者
Case 6	資産と債務がアンバランスな事案
Case 7	不動産の評価誤りがある事案
Case 8	生前に多額の現金出金がある事案
Case 9	貸金庫がある事案
Case10	国外財産調書、海外からの入金及び海外への送金がある事案
Case11	申告漏れ情報がある事案
Case12	無申告で課税が見込まれる事案
Case13	特例適用誤りが見込まれる事案
Case14	複数の申告書が提出され総遺産額が一致しない事案

Case 1 遺産が一定額以上の事案

○ 遺産が一定額以上（例えば5億円以上）ある場合

　相続財産の把握に際し、財産の種類は多岐にわたり、また、法人税のように個人財産の増減等には記帳義務がありません。さらに、相続財産は、被相続人が築き上げたものですが、申告するのは被相続人でなく、その相続人です。

　したがって、相続税は他税目と相違し、相続人が被相続人のすべての相続財産を把握し、計上するのは困難です。

　通常、遺産が一定額以上（例えば5億円以上）ある場合は、高額事案に該当し、相続財産の種類は多いと思われますので、申告漏れの可能性が高くなります。したがって、調査の対象となる可能性も高くなります。

　税務署の規模等により調査に割ける時間がどのくらいあるか、税務署により若干異なりますので「高額事案」がいくら以上か一概に言えませんが、その年に税務署に提出された相続税の申告書の中で、課税遺産額が上位であれば、まず調査があるものと考えた方がよいでしょう。

Case 2 　被相続人の人的要因

　被相続人が、次に掲げる者である場合、相続税の調査対象となる可能性が高まります。例えば、好況業種の経営者、社会的に地位のある医師、弁護士、政治家等のうち多額な蓄財が予想される者も選定される場合があります。

- ● 好況業種の経営者
- ● 医師、弁護士など専門性に富む職業の者
- ● 著名人、マスコミ報道された者
- ● 資産家、資産家の関係者

Case 3 　流動資産が多い事案

○ 多額の預貯金及び有価証券の申告があるもの

　3の「相続税の調査状況」で掲載した国税庁の資料によれば、現金・預貯金の申告漏れは、毎年トップです。

　預貯金や有価証券等の流動資産の申告が多額である事案は、申告漏れの傾向が特に強く、例えば、預貯金が引き出され何らかの財産に変換されていること等も想定され、その確認のため調査対象として選定されることがあります。

　私（筆者）の実務経験からみても、相続財産であるにも関わらず、被相続人以外の方の名義となっている預貯金及び有価証券が申告漏れとなっているケースが多いです。

■ 富裕層及び顧問税理士へのアドバイス─生前から必要な相続対策─

1　富裕層の方は、相続が発生する前から預金の管理・運用に注意を払い、家族名義等の預貯金・有価証券について、それが相続財産でない場合は、相続財産と認定されることがないよう、管理・運用のポイントを知り、適切に行う必要があります。

2　税理士は、「多額の預貯金及び有価証券の保有があり、名義預金、名義株の存在が疑われる事案」については、相続人に対して被相続人名義の財産のみを確認するだけではなく、家族名義等の財産の管理・運用状況を十分に確認しておくことが必要です。

　また、生前から富裕層の方に対して名義預金、名義株式の判断基準について説明しておき、適切な管理運用についてのアドバイスを行うことが重要です。

Case 4 高額所得者

○ 高額所得者であった人の相続税の申告内容がそれを反映していない場合

　被相続人が過去において高額の所得税確定申告をしている場合、その過去の所得税の確定申告状況から、相続財産である現金、預貯金や有価証券などの申告額がそれに見合っているかどうかが重要です。

　なお、税務署等では過去の申告状況のほか、配当、預金利子の各種支払調書、また、高額の譲渡所得があれば、その情報が蓄積されており、相続税の申告内容に反映されているか確認する場合があります。

○ 過去に高額譲渡代金を得ている場合

　過去に土地等の譲渡により高額な譲渡代金がある場合、その内容が相続税の申告に反映されているかどうか譲渡代金の使途が確認されるのが通常です。

　過去に被相続人に高額譲渡がある場合は、内容を税務署が把握していますので、相続税の申告に当たっては、譲渡代金が申告に反映されているかどうか確認しておくことが重要です。

Case 6 資産と債務がアンバランスな事案

○ 申告された債務が大きいが反対の資産の計上がないもの

　債務には、それに対応する資産があるのが通常です。したがって、債務の反対資産が申告されていない場合は資産計上が漏れている可能性があります。調査時には必ず債務の反対資産について質問されますので、申告時に債務と反対の資産計上を確認しておくことが必要です。

Case 7 不動産の評価誤りがある事案

◯ 不動産の評価は税理士の責任

　論外のことですが、税理士が現地を確認せずに調整率等を適用して申告しているという風評を聞いたことがあります。現地確認を怠ると、地目や1画地の利用単位を誤って判定してしまうなど評価誤りが発生します。

　不動産は、評価額が大きい場合が多いため、上記のようなミスがある場合はその額に比例して申告漏れ金額が大きくなります。

　税理士によっては簿記会計は得意でも、日頃から不動産評価に慣れていない方もあるかもしれません。財産評価通達に基づいた評価方法等を習得し、相続税申告することが重要です。詳しくは、第2章をご覧ください。

Case 8 — 生前に多額の現金出金がある事案

○ 相続開始日前に多額の現金出金がある場合

相続開始日前に多額の現金出金（例えば、相続開始前3年以内に1,000万円以上）がある場合、それが手持現金等で申告に反映されているか確認されます。特に相続開始日1か月前後の現金出金については、その使途について、手持現金の申告と合致しているか入念に調べられることが多いようです。

被相続人が亡くなると、相続の手続が完了するまでの間は預貯金の払出しができなくなるので、それを見込んで葬式費用や医療費等の支払いに充てるため、多額の現金を出金するケースはよく見受けられます。

その場合、出金した現金の使途を確認し、残金を手持現金に計上する必要があります。

手持現金の計上漏れはないか確認

Case 9 貸金庫がある事案

○ **貸金庫がある場合**

　貸金庫には貴重品や重要な書類等が保管されている場合が多いため、被相続人宅への臨宅調査を行う場合、貸金庫とその銀行の調査も行われることとなります。

　したがって、相続税調査では、貸金庫内の保管物の確認と貸金庫の手数料が引き落とされている銀行の取引内容が確認されます。

　開閉記録等も確認される場合があります。

Case10 国外財産調書、海外からの入金及び海外への送金がある事案

　海外財産の申告漏れは調査の重点項目です。海外の預貯金や海外からの入金がある場合には、特に注意を払う必要があります。

　また、国外財産調書の提出がある場合において、海外預金の存在の有無を確認されます。

令和　　年分　国外送金等調書

国内の送金者又は受領者	住所(居所)又は所在地			
	氏名又は名称		個人番号又は法人番号	

国外送金等区分	1. 国外送金・2. 国外からの送金等の受領	国外送金等年月日	年　　月　　日

国外の送金者又は受領者の氏名又は名称

国外の銀行等の営業所等の名称

取次ぎ等に係る金融機関の営業所等の名称

国外送金等に係る相手国名

本人口座の種類　普通預金・当座預金・その他(　　　)　本人の口座番号

国外送金等の金額　外貨額　外貨名　　　　送金原因　　円換算額　　　(円)

(備考)

提出者	住所(居所)又は所在地		
	氏名又は名称	(電話)	個人番号又は法人番号

整理欄　①　　②

350

○個人番号又は法人番号・欄に個人番号(12桁)を記載する場合には、右詰で記載します。

（参考）租税条約に基づく「共通報告基準（Common Reporting Standard ／ CRS）」

　共通報告基準（CRS）とは、外国の金融機関に保有する口座を利用した国際的な脱税及び租税回避に対処するために、経済協力開発機構（OECD）が策定した金融口座情報を自動的に交換する国際基準です。

　現在、日本を含む100以上の国・地域がCRSに参加し、参加各国に所在する金融機関は、管理する金融口座から税務上の非居住者を特定し、その口座情報を自国の税務当局に報告する必要があります。

　報告された情報は、各国の税務当局間で相互に共有されます。

　日本では、平成30年９月に外国との初回の情報交換を開始し55万件の資料情報を入手しています。

　なお、次ページの表にあるように、海外資産関連事案の非違１件当たりの申告漏れ課税価格は5,188万円と一般の事案に比べて高額であり、今後さらに件数が増えるものと思われます。

○ 相続税の海外関連資産事案に係る実地調査（「平成29事務年度における相続税の調査の状況について」より）

納税者の資産運用の国際化に対応し、相続税の適正な課税を実現するため、相続税調査の実施に当たっては、租税条約等に基づく情報交換制度のほか、平成30年9月に初回交換が行われたCRS情報（共通報告基準に基づく非居住者金融口座情報）などを効果的に活用し、海外資産の把握に努めています。資料情報や相続人・被相続人の居住形態等から海外資産の相続が想定される事案など、海外資産関連事案については、本事務年度においても積極的に調査を実施します。

	事務年度等 項目	平成28事務年度		平成29事務年度		対前事務年度比	
①	海外資産関連事案に係る 実地調査件数		件 917		件 1,129		% 123.1
②	海外資産に係る 申告漏れ等の非違件数	699	件 117	884	件 134	126.5	% 114.5
③	海外資産に係る 重加算税賦課件数	67	件 9	84	件 6	125.4	% 66.7
④	海外資産に係る 申告漏れ課税価格	284	億円 52	490	億円 70	172.4	% 132.5
⑤	④のうち重加算税賦課対象	28	億円 7	36	億円 8	127.2	% 110.2
⑥	非違1件当たりの 申告漏れ課税価格（④／②）	4,061	万円 4,483	5,537	万円 5,188	136.3	% 115.7

(注)1 海外資産関連事案とは、①相続又は遺贈により取得した財産のうちに海外資産が存するもの、②相続人、受遺者又は被相続人が日本国外の居住者であるもの、③海外資産等に関する資料情報があるもの、④外資系金融機関との取引のあるもの等のいずれかに該当する事案をいう。
2 左肩数は、国内資産に係る非違も含めた計数を示す。

（出典：国税庁ホームページ）

我が国の租税条約ネットワーク

財務省

《74条約等、132か国・地域適用／2019年9月1日現在》（注1）（注2）

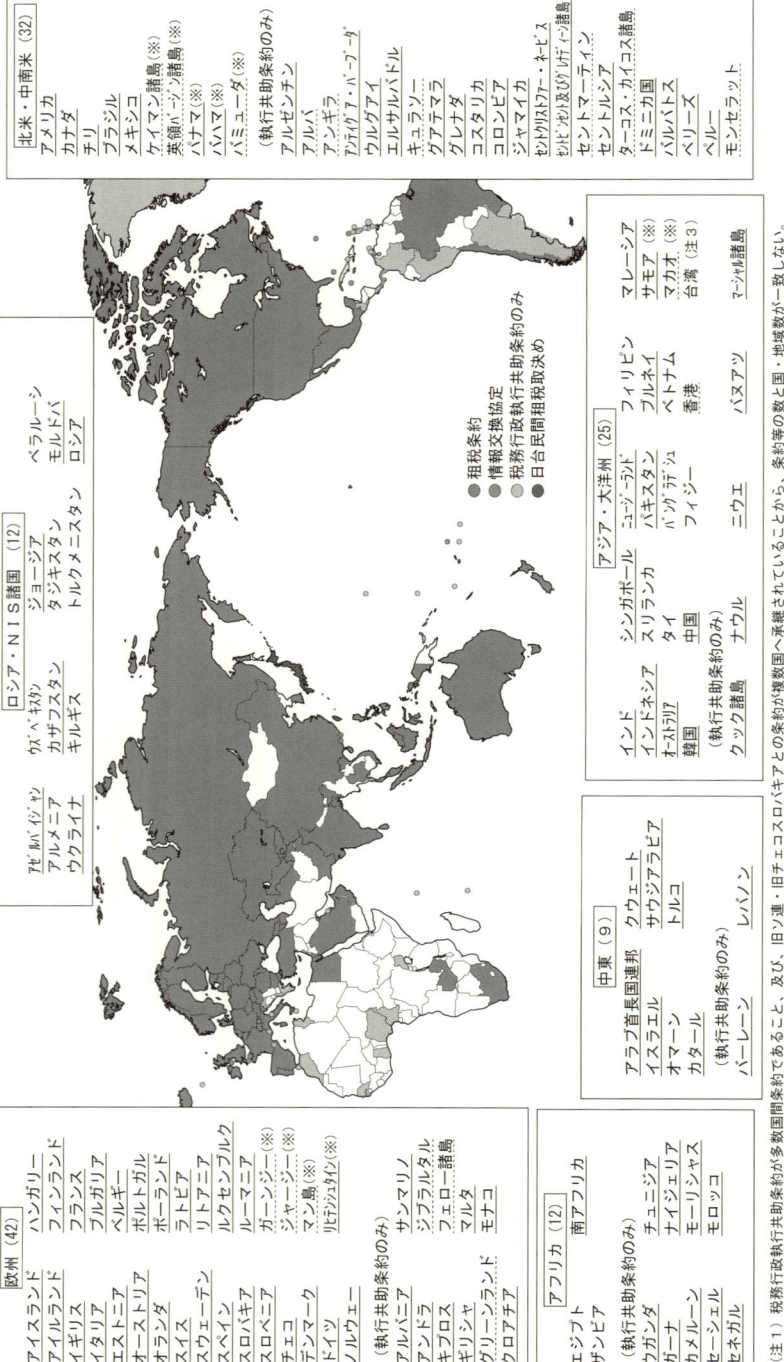

欧州 (42)

アイスランド　ハンガリー
アイルランド　フィンランド
イギリス　フランス
イタリア　ブルガリア
エストニア　ベルギー
オーストリア　ポルトガル
オランダ　ポーランド
スイス　ラトビア
スウェーデン　リトアニア
スペイン　ルクセンブルク
スロバキア　ルーマニア
スロベニア　ガーンジー（※）
チェコ　ジャージー（※）
デンマーク　マン島（※）
ドイツ　リヒテンシュタイン（※）
ノルウェー

（執行共助条約のみ）
アルバニア　サンマリノ
アンドラ　ジブラルタル
キプロス　フェロー諸島
ギリシャ　マルタ
グリーンランド　モナコ
クロアチア

アフリカ (12)

エジプト　南アフリカ
ザンビア

（執行共助条約のみ）
ウガンダ　チュニジア
ガーナ　ナイジェリア
カメルーン　モーリシャス
セーシェル　モロッコ
セネガル

ロシア・NIS諸国 (12)

アゼルバイジャン　ウズベキスタン　ベラルーシ
アルメニア　カザフスタン　モルドバ
ウクライナ　キルギス　ロシア
　　　タジキスタン
　　　トルクメニスタン

中東 (9)

アラブ首長国連邦　クウェート
イスラエル　サウジアラビア
オマーン　トルコ
カタール

（執行共助条約のみ）
バーレーン　レバノン

アジア・大洋州 (25)

インド　シンガポール　フィリピン　マレーシア
インドネシア　スリランカ　ブルネイ　サモア（※）
オーストラリア　タイ　ベトナム　マカオ（※）
韓国　中国　バングラデシュ　香港　台湾（注3）
（執行共助条約のみ）　フィジー
クック諸島　ナウル　ニウエ　パラオ　マーシャル諸島

北米・中南米 (32)

アメリカ
カナダ
チリ
ブラジル
メキシコ
ケイマン諸島（※）
英領ヴァージン諸島（※）
バミューダ（※）
バハマ（※）

（執行共助条約のみ）
アルゼンチン
アルバ
アンティグア・バーブーダ
ウルグアイ
エルサルバドル
キュラソー
グアテマラ
グレナダ
コスタリカ
コロンビア
ジャマイカ
セントクリストファー・ネービス
セントビンセント及びグレナディーン諸島
セントルシア
セントマーティン
タークス・カイコス諸島
ドミニカ国
バルバドス
ベリーズ
ペルー
モントセラト

凡例：
● 租税条約
● 情報交換協定
● 税務行政執行共助条約のみ
● 日台民間租税取決め

（注1）税務行政執行共助条約が多数国間条約であること、及び、旧ソ連・旧チェコスロバキアとの条約が複数国へ承継されていることから、条約等の数と国・地域数が一致しない。

（注2）条約等の内訳は以下のとおり。
・租税条約（二重課税の除去並びに脱税及び租税回避の防止を主たる内容とする条約）：61本、71か国・地域
・情報交換協定（租税に関する情報交換を主たる内容とする条約）：11本、11か国・地域（図中、（※）で表示）
・税務行政執行共助条約：締約国は我が国を除く99か国（図中、国名に下線）。適用拡張により116か国・地域に適用（図中、適用拡張地域名に点線）。このうち我が国と二国間条約を締結していない国・地域は49か国・地域。
・日台民間租税取決め：1本、1地域。

（注3）台湾については、公益財団法人交流協会（日本側）と亜東関係協会（台湾側）との間の民間租税取決め及びその内容を日本国内で実施するための法令によって、全体として租税条約に相当する枠組みを構築（現在、両協会は、公益財団法人日本台湾交流協会（日本側）及び台湾日本関係協会（台湾側）にそれぞれ改称されている）。

Case11 申告漏れ情報がある事案

　税務署等が把握した、例えば新聞、テレビ、週刊誌等のマスコミ情報や投書により、申告漏れ等の情報がある場合は、全部について調査されるわけではありませんが、税務署がその真偽の確認を要すると判断した場合には、調査が行われます。

Case12 無申告で課税が見込まれる事案

　不動産の保有状況、所得税等の申告状況、金融資産等の保有情報から見て、基礎控除額以上の財産があると見込まれるにもかかわらず、相続税申告書の提出がない場合には、調査が行われます。

Case13 特例適用誤りが見込まれる事案

　例えば、小規模宅地等の特例の限度面積要件が正しく判定されていない等の特例適用誤りが見込まれる場合は、調査が行われます。

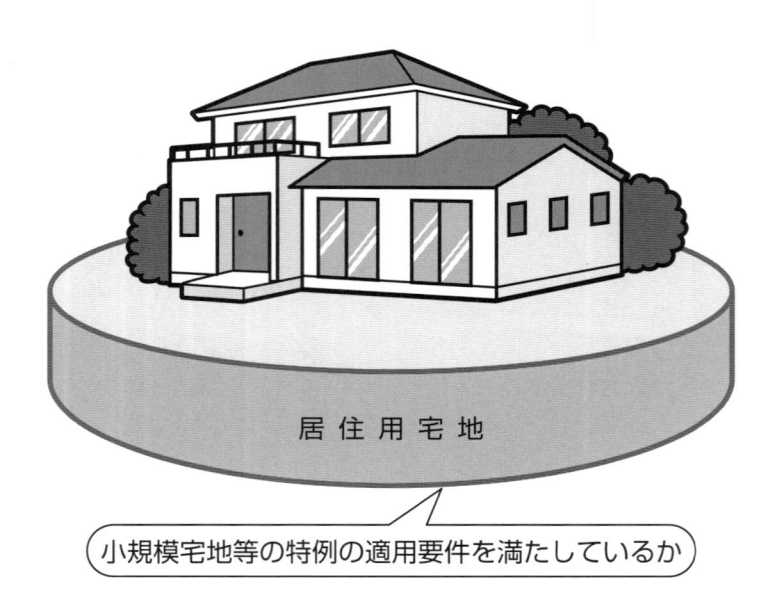

居 住 用 宅 地

小規模宅地等の特例の適用要件を満たしているか

Case14 複数の申告書が提出され総遺産額が一致しない事案

　例えば、相続人間で遺産分割について争いがあり、相続財産そのものが確定しない場合等で複数の申告書が提出され、総遺産額も一致しない場合には、調査が行われます。

⑵ 相続税申告と課税資料等による調査対象の選定

　税務署には納税者ごとに課税資料が保管されています。相続税申告書提出後、相続税申告と課税資料の内容が合致するものか検討され、不突合な財産等を抽出します。

　また、相続開始後には、金融機関等に預貯金等の照会をして相続開始時の残高、相続開始前3年、相続開始後半年の期間（事案によりさらに長期間）について、被相続人や相続人の預貯金の推移を把握します。この照会に対する回答と相続税申告書に記載された金融資産の内容を検討し、申告が正しいか否かの確認をします。

　税務署は、上記の資料等による検討の結果、不突合があると、内容を解明するため調査対象として選定する場合があります。

　税務署には、下表に掲げた納税者に関する様々な課税資料が集められています。

■ 税務署に集められている申告書及び資料等

> 1　所得税・法人税・相続税等申告書及び調査関連書類関係
> ・所得税申告書、生命保険料控除に関する明細書、地震保険料控除に関する証明書（地震保険料のほか旧長期損害保険料対象分も含む）、青色申告決算書、収支計算書、所得の内訳書、譲渡所得の内訳書（計算明細書）、財産及び債務の明細書、国外財産調書
> ・所得税準確定申告書、調査関連書類
> ・法人税申告書別表二「同族会社の判定に関する明細書」、調査関連書類
> ・先代の相続税申告書、調査関連書類
> ・親族関係者の贈与税申告書、調査関連書類
>
> 2　源泉徴収票、支払調書関係
> ・給与所得の源泉徴収票
> ・退職所得の源泉徴収票
> ・報酬、料金契約金及び賞金の支払調書
> ・不動産の使用料等の支払調書
> ・不動産等の譲受けの対価の支払調書
> ・不動産等の売買又は貸付けのあっせん手数料の支払調書
> ・配当、剰余金の分配及び基金利息の支払調書
> ・自己の株式の取得等の場合の支払調書（支払通知書）
> ・匿名組合契約等の利益の分配の支払調書
> ・生命保険契約等の一時金の支払調書
> ・損害保険契約等の満期返戻金等の支払調書
> ・利子等の支払調書

- ・定期積金の給付補てん金等の支払調書
- ・株式等の譲渡の対価の支払調書
- ・特定口座年間取引報告書
- ・新株予約権の行使に関する調書
- ・生命保険金・共済金受取人別支払調書
- ・損害（死亡）保険金・共済金受取人別支払調書
- ・退職手当金等受給者別支払調書
- ・国外送金等調書
- ・国外財産調書 等

3 その他の資料

- ・株式、貸地・貸家等の大口所有者名簿
- ・競走馬、高級外車、高級マンション、書画骨董等の所有者名簿
- ・大口財産の相続人名簿、大口資産の取得者名簿
- ・高額所得者名簿、高額譲渡所得者名簿、固定資産の多額納税者名簿
- ・新聞・雑誌等の記事の切り抜き
- ・固定資産税の課税台帳
- ・事前の金融機関等照会に対する回答等

　　　（期間）

　　　　相続開始時の残高、相続開始前3年、相続開始後半年（事案によりさらに長期間）
　　　　の期間における預貯金の推移

　　　（内容）

　　　　銀行、ゆうちょ銀行等から入手する被相続人及び相続人の金融資産の残高、入出金
　　　　履歴、払戻依頼書

- ・租税条約に基づく交換資料

6 事前通知

(1) 事前通知と無予告調査

相続税調査には、事前通知がある場合とない場合があります。通常の場合は事前通知の後、臨宅調査が行われます。しかし、事前通知を行うと証拠書類、現物の隠ぺい等により真実が把握できないと認められる場合は、無予告調査が実施されます。

(2) 臨宅調査が決まった後の準備

相続税調査を初めて体験する相続人等（納税義務者）が大半です。そのような者に対しては、税理士が相続税調査の趣旨や手順等を事前に説明し、できるだけ緊張感を解くことが重要です。

税理士は、事前に相続人等に調査がどのような手順で進められるか、どのようなことを聞かれるか、どのような場所の確認を求められるのか等を相続人に面接して、十分な説明を行い、調査当日、相続人等が慌てないで済むように、調査の趣旨を理解してもらうことが大切です。

① 調査官との日程等調整

調査官から調査の事前通知があった場合には、次の事項を確認します。

- ● 調査日時
- ● 調査臨場場所
- ● 扫当調査官の所属税務署と部門
- ● 臨宅調査に来る調査官氏名（通常は2人）

そして、税理士と相続人双方の予定を確認し、調査日時と場所を調査官と調整し返答します。調査に立合う相続人は、主たる相続人、臨場場所は被相続人宅となる場合が多いです。

② 相続税申告書及び基礎資料の準備

臨宅調査当日までに相続税の申告書作成の基礎となった資料を整理しておきます。

特に、過去の使用済みの預貯金通帳などは、被相続人のみならず、同居していた家族名義のものも含めて提示を求められる可能性があります。

③ 相続人と税理士との打合せ

相続人及び税理士は、調査のポイントについて事前に確認しておきます。事前に、聞かれるであろう質問を予想しておき、当日落ち着いて応答ができるよう準備します。

④ **自宅の整理**

臨宅調査は、居間や応接室などで行われますが、調査の途中で調査官が居宅内を確認したいと申し出る場合や重要書類の保管場所まで同行を求められたりして、被相続人宅全体を確認します。

金融機関等の名前が入ったカレンダーやタオルなど、誤解を招きそうなものは整理しておきます。

⑤ **印鑑の整理**

印鑑についても、税務署員が用紙に印影を採ります。被相続人の印鑑と家族と印鑑を一緒に保管していると、誤解を生じやすいので、事前に整理しておく必要があります。

⑥ **貸金庫内の整理**

税務調査当日のうちに、金融機関まで赴いて、貸金庫の中を確認する場合もあります。したがって、普段から貸金庫内の書類についても、内容を確認して整理をしておきましょう。

⑦ **高価な美術品や調度品などの整理**

室内に飾ってある高価な美術品や調度品なども無用な誤解を招かないように、整理しておくようにしましょう。

■ **税理士が相続人等に連絡して準備してもらう書類等の例**

不動産関係 （土地・建物等）	税理士が申告した不動産について評価を行った際の基礎資料、土地・建物登記済権利証、固定資産名寄帳、固定資産評価証明書、売買契約書、賃貸借契約書、土地測量図、外国不動産関係書類等
金融資産関係	預金通帳及び定期預金証書、印鑑、損害保険・生命保険契約関係書類、ゴルフ会員権、金銭消費貸借契約書、外国金融資産関係書類、公社債証券、証券会社関係書類
過去の申告書	所得税申告書、先代の相続税申告書、関係者の贈与税申告書、関係法人税申告書等
その他	相続税申告書控え、遺産分割協議書、遺言書、香典帳、名刺つづり、同族会社関係書類（決算書、申告書、株式、貸付・借入関係がわかる総勘定元帳等）

7 臨宅調査

(1) 臨宅調査総論

調査官が相続税調査のため被相続人が住んでいた居所などに赴き、相続人等から相続財産についての質問を行い、相続財産の現物確認を行う場合があり、これを「臨宅調査」といいます。

相続人にとって相続税臨宅調査は、試験に例えれば、面接試験を受けるようなもので、申告内容に自信があっても、どのような調査官が来て、どのような質問をするのかわからないため、緊張するらのです。

ここでは臨宅調査で質問される項目や調査官との対応等について、緊張し慌てないでも済むように、臨宅調査の予備知識を習得していただくよう説明します。

(2) 臨宅調査の目的

相続税の臨宅調査の目的は、申告されていない金融資産（預貯金、有価証券、名義預貯金、名義株等）や、不動産の評価誤り等を見つけることです。

相続人等からの聞き取りや現物の現況調査は、被相続人の親族名義の預貯金・株式の中に新たな相続財産となるべきものはないか、実測図や不動産賃貸契約書等にある不動産に縄伸び（実測面積＞登記簿の面積）がないか等を確認するために行われます。

(3)　臨宅調査の内容

　相続税の臨宅調査は、法人税や所得税の調査とは趣が異なります。まず、言えることは、相続人等が調査に慣れていません。

　相続税臨宅調査の内容は、事業による所得のように売上げや経費の証拠書類がないため、記帳に関する帳票等の確認等を行うことはなく、次のようになります。

> ① 相続人等への質問調査
> ② 相続財産等の現物確認調査

(4)　臨宅調査の作業スケジュール

　聞き取り調査は、通常、朝10時頃から１日かかります。

　臨宅調査は、財産の現物確認等を行うため複数の調査官が行います。

　午前中は、主に相続人等への質問（被相続人の概況質問、遺産分割・相続人等に関する質問）を行います。

　午後は、主に現在の財産の現物確認及び過去から現在に至る財産の管理運用状況等について聞き取り、相続財産の現物確認をします。

　また、居宅内の現況調査、関係法人への反面調査、貸金庫内の確認等が行われます。

(5) 臨宅調査時の相続人等への質問

① 被相続人等に関する質問

- ・親族関係、相続関係図に関する質問
- ・被相続人の先代の出身地、略歴、先代から相続した財産
- ・被相続人の出生地、職歴（学歴、職歴、役職等）
- ・病歴等の状況（病名、発病時期、病状経過、入退院の時期と期間、意思能力のなくなった時期）
- ・医療費の支払状況と金額、支払財源
- ・趣味、し好（株式投資、ゴルフ、貴金属、書画、旅行、競馬、賭け事）、海外関連資産の有無、交友関係、お金の使い方
- ・習性等（日記、メモ、備忘録、パソコン利用等）について確認

② 遺産分割の状況と相続人等に関する質問

- ・遺産分割の状況
- ・被相続人からの生前贈与の状況
- ・相続税納税の状況
- ・相続人の略歴（学歴、職歴、役職等）

③ 相続財産の管理運用状況についての質問

- ・現金（生活費）、預貯金、上場株式の管理者（相続開始前及び開始後並びに意思能力欠如前後等）
- ・預貯金の入出金、上場株式売買の手続者（相続開始前及び開始後並びに意思能力欠如前後、親族による代行開始時期）
- ・病院、老人ホームの入院費の負担者、支払方式（振込又は現金支払）、金額
- ・同居家族の生活費の負担は誰がしていたか
- ・同居家族以外の者の生活費を負担していたか
- ・法人オーナーの場合、財務担当者又は代理人による財産管理状況
- ・相続財産の保管場所
- ・相続財産の発見者
- ・印鑑の保管場所
- ・被相続人及び相続人の貸金庫の有無、契約期間、相続開始前後の開閉状況

- ・トランクルームは借りていないか
- ・取引金融機関・預金通帳の確認、メインバンクの把握及び銀行担当者氏名
- ・訪問営業する銀行、証券会社の有無及び銀行名・会社名
- ・被相続人の資金から作成された口座の管理者・印鑑
- ・被相続人からの生活費として支給された家計費が、相続人の資金（定期預金、定期積金等）として留保されていないか
- ・手持現金は被相続人の口座から引き出したものか、相続人の口座から引き出したものか。常時保有在高はいくらか
- ・保険契約について、相続人が被保険者の保険契約の有無、保険料の引落し口座、支払者の確認
- ・趣味、し好、その他の項目で、書画、絵画、競走馬、リゾートクラブの会員権、海外関連資産等の確認

④ 被相続人の所得等に関する質問

- ・被相続人のほか相続人の生前の収入と申告状況
- ・譲渡所得の有無
- ・年金の入金口座
- ・退職金、生命保険金の入金口座について
- ・生前の資産の購入
- ・給与支給方式……振込又は現金支給、現金支給の場合はその保管場所
- ・配当金の支払方式……振込又は現金支給、現金支給の場合はその保管場所
- ・家賃・地代収入の収受方式……振込又は現金支給、現金支給の場合はその保管場所

⑹ 相続財産の現物確認

　現物確認調査の目的は、調査官が財産の現物を確認し、相続財産の申告漏れがないか確認することです。相続税調査では、被相続人の財産に関する重要物の保管場所、保管物の現物確認が必ず行われます。また、相続税調査では、法人税調査のように帳簿がなく、財産所有の帰属を判断するため相続人への聞き取りと現物確認が行われます。

　相続人等に対する財産内容の概況等の聞き取り調査に続き、現況調査では、被相続人や相続人の各部屋を確認するほか、金庫、認印・実印の保管場所に案内を求められます。

① 被相続人宅等の財産の現物確認調査

調査官は、調査に立ち会う相続人等に相続財産の保管場所を尋ね、その保管場所に同行し、確認できるよう求めます。調査の手順は、玄関、応接間、仏間、被相続人の書斎等にある次のようなものから申告財産の現物の確認を行います。

イ 被相続人宅の金庫等の中

住所が異なる相続人や孫等他人名義の預貯金通帳が被相続人宅の金庫の中にあると、名義預金の可能性があります。

金庫内の現金、金の延べ棒、記念硬貨は、相続財産であれば申告する必要があります。

この際に、保管場所の金庫内、箪笥、押入れ、引出し、鞄等に一緒に保管してある財産（預貯金等の解約計算書、株式の売買計算書、不動産売買契約書、各種領収書等）も相続財産と関係する書類である可能性があるため、確認されます。

ロ 預貯金の通帳、生命保険契約の保険証券、不動産の権利証（登記識別情報）等

相続開始前に預貯金からの多額の引出しがないかの確認と多額の引出しがあった場合の引出者名、資金使途の確認、通帳等へのメモ書きから申告漏れ等が判明することがあります。

この場合、預金通帳、印鑑（特に実印）、不動産の権利証（登記識別情報）、生命保険契約の保険証券等の重要な書類が現物確認できない場合、調査官は調査に立ち合う相続人等に保管場所を尋ね、その保管場所まで同行し、確認できるよう求めます。

ハ 株式売買報告書

株式取得資金の原資は何か、売却代金の入金口座の確認を行い、申告漏れがないか確認されます。

ニ 印影の採取

調査官は、被相続人が保管していた印鑑の印影を2回押印します。

最初は朱肉を付けずにそのまま押印します。使用頻度の高い印鑑の場合は、朱肉が残っているため薄く印影が残ります。

次に朱肉を付けて陰影を明確に採取するため、押印します。

調査官は、臨戸した家にあるすべての認印の印鑑の陰影を収集します。

これは被相続人が生前に使用していた印鑑が、家族名義等の預貯金等の入出のために使用していたかどうか確認するためです。

ホ 香典帳、被相続人等の手帳や日記帳等

香典帳、被相続人等の手帳や日記帳、家計簿、名刺ファイル、年賀状ファイル等、相続税申告書に記載されていない金融機関のものはないか内容を確認します。

ヘ　金融機関の名前入りカレンダー、手帳、筆記用具、タオル等

　相続税申告書に記載されていない銀行、証券会社、保険会社等金融機関のものはないか確認します。

ト　遺言書

　相続税申告書に記載されていない財産がないか確認します。

```
　　　　　　　　遺　言　書

遺言者Aは、次のとおり遺言する。

1．遺言者は、長男Bに下記の土地を相続させる。

　　所　在　　・・・・・
　　地　番　　・・・・・
　　地　目　　・・・・・
　　地　籍　　・・・・・

2．遺言者は、長女Cに次の銀行預金をすべて相続させる。

　　金融機関　・・・・・
　　種　類　　・・・・・
　　口座番号　・・・・・

3．本遺言の執行者として次の者を指定する。

　　住　所　　・・・・・
　　氏　名　　・・・・・

　令和　年　月　日

　住　所　　・・・・・
　遺言者　　　　A　　　　㊞
```

チ　高価な家庭用動産

　高価な書画や骨董品は、申告する必要があります。

リ　貸金庫、トランクルーム

　調査官は貸金庫を開閉できる者と一緒に銀行の貸金庫へ同行し、内容を確認します。

　長期間相続人等が貸金庫内の中身を確認していない場合、申告書に記載していない株券、預金証書、金の延べ棒、リゾートクラブの会員権等が発見されることがあります。

　また、トランクルームには、絵画等が保管されている場合があります。

② 臨宅調査で質問される項目まとめ

項目	内容	質問の意図
被相続人等についての概況質問	親族関係、相続関係図に関する質問	相続人の親族関係、経歴等から判断して、財産申告漏れはないか、相続人に不相応な財産がないか等を検討
	先代の出身地. 略歴、先代から相続した財産	
	被相続人と相続人の出生地、略歴（学歴、職歴、役職等）	
	病歴等の状況（病名、発病時期、病状経過、入退院の時期と期間、意思能力のなくなった時期）	
	医療費の支払状況と金額、支払財源	
	趣味、し好（株式投資、ゴルフ、貴金属、書画、旅行、競馬、賭け事）、海外関連資産の有無、交友関係、お金の使い方	趣味の財産申告の有無
	習性等（日記、メモ、備忘録、パソコン利用等）について確認	財産の計上漏れを検討
遺産分割の状況等の質問	遺産分割の状況	生前贈与財産と申告財産との比較・確認
	被相続人からの生前贈与の状況	
	相続税納税の状況	
相続財産の管理運用についての質問	現金（生活費）、預貯金、上場株式の管理者（相続開始前及び開始後並びに意思能力欠如前後等）	名義預金、名義株はないか
	預貯金の入出金、上場株式売買の手続者（相続開始前及び開始後並びに意思能力欠如前後、親族による代行開始時期）	名義預金、名義株はないか
	病院、老人ホームの入院費の負担者、支払い方式（振込又は現金支払）、金額	生前贈与等の検討
	同居家族の生活費の負担は誰がしていたか	
	同居家族以外の者の生活費を負担していたか	
	法人オーナーの場合、財務担当者又は代理人による財産管理状況	申告漏れ財産の検討
	相続財産の保管場所	
	相続財産の発見者	
	印鑑の保管場所	名義預金、名義株はないか
	被相続人及び相続人の貸金庫の有無、契約期間、相続開始前後の開閉状況 トランクルームは借りていないか	申告漏れ財産の検討

	取引金融機関・預金通帳の確認、メインバンクの把握及び銀行担当者氏名	名義預金、名義株はないか
	訪問営業する銀行、証券会社の有無及び銀行名・会社名	
	貸金庫の有無	申告漏れ財産はないか
	被相続人の資金から作成された口座の管理者・印鑑	名義預金、名義株はないか
	被相続人から生活費として支給された家計費が、相続人の資金（定期預金、定期積金等）として留保されていないか	申告漏れの預貯金の検討
手元現金	被相続人の口座から引き出したものか、相続人の口座から引き出したものか 常時保有在高はいくらか	申告漏れ手元現金の検討
生命保険	相続人が被保険者の保険契約の有無、保険料の引落し口座、支払者の確認	生命保険契約に関する権利の申告漏れはないか
趣味、し好、海外関連資産、その他	書画、絵画、競走馬、リゾートクラブの会員権、海外関連資産等の確認	美術品の申告漏れはないか 海外関連資産について申告漏れはないか
被相続人の所得等に関する質問	被相続人のほか相続人の生前の収入と申告状況	申告漏れ財産の検討
	譲渡所得の有無	
	年金の入金口座	
	退職金、生命保険金の入金口座について	
	生前の資産の購入	
	給与支給方式……振込又は現金支給、現金支給の場合はその保管場所	
	配当金の支払方式……振込又は現金支給、現金支給の場合はその保管場所	
	家賃・地代収入の収受方式……振込又は現金支給、現金支給の場合はその保管場所	

(7) 調査官と相続人のトラブル防止

　相続税臨宅調査では被相続人の生き方、生活態度などプライベートな内容に及んで質問が行われる場合があります。

　また、あまり触れられたくない微妙なプライベートの事実確認に質問が及ぶ場合は、質問する方もされる方も、気を遣う場合があるのは事実です。

　筆者の相続税調査実務の経験上、質問内容により、相続人等の感情が高ぶり、調査官との応答がスムーズにいかなくなり、トラブルになる場合もあるため、このような場合は税理士等の立会人が双方の間に入り、少し休憩を入れるなどして、調査進行が円滑になるよう努める必要があります。

■ 雑談（性格別の蓄財傾向）

　私（筆者）の実務経験上、被相続人の性格別の蓄財傾向は、次のとおりです。

① **堅実**……価格変動の少ない定期預金、公社債等に投資

② **投機**……不動産、株式、投資信託、金等に投資

③ **派手、虚栄心**……自宅を豪華に、貴金属等を所有

④ **レジャー型**……別荘、船舶、競走馬、レジャー会員権等を所有

⑤ **事業**……事業所、所有不動産を拡張、拡大する

　また、被相続人の職業別の蓄財傾向等は次のとおりです。

① **事業の創業者の場合**

　事業の創業者が被相続人の場合、稼得した収入は大きいですが、支出も大きいのが通常です。どうしても生活が派手になり、場合によっては、内縁関係者が存在するケースもあります。まれに、これを相続人が知らないこともあります。

② **不動産賃貸業や地方の名士の場合**

　被相続人が、先代やもっと以前から不動産を継続して相続しており、相続財産を自身が築き上げたものでない場合、例えば、地方の大地主などの名士で不動産賃貸業などの定期的・安定的な収入がある家で大きな支出や損失がなく一生を終えた方は、日常生活が安定的で質素な傾向があり、コツコツと蓄財し、結果として大きな財産を残している場合があります。

> ① 茶道具や掛軸等の美術品の申告がある場合、これらは動産であり、しかも、評価額の査定が困難であるため、評価するのが困難です。
>
> また、相続税調査において調査官自身も内容が適正か否か、判断に迷う場合があります。
>
> ② 趣味で、競走馬や船舶を所有している場合があります。
>
> 特に、競走馬の馬主はお金がかかります。競走馬は繊細な生き物ですので、病気になりますし、怪我もします。並大抵の資金力では購入することや維持することはできません。

8 銀行（預貯金・貸金庫）調査

　先に述べましたが、相続税の申告で最も多い割合を占めるのは不動産ですが、申告漏れ財産額のうち最も多いのは約3割を占める現金・預貯金です。

　預貯金等の申告漏れは、被相続人名義以外の家族等の名義預貯金等の場合が多く、臨宅調査のほか銀行調査による事実確認の積上げにより、認定される場合が多いと思われます。

(1)　調査官が調査前に行う照会等

　調査官は調査に先立ち、事前に預貯金照会を行います。

　預貯金については、通常、金融機関へ相続開始時点の残高と死亡前3年、死亡後半年間照会されます。

　事案により、死亡前5年から10年さかのぼる場合や、相続開始後1年まで期間を延長して預金の出入りが検討される場合があります。

　また、調査官は、事前の上記文書照会結果に基づき、更に、臨宅調査後に必要なときは、直接銀行に出向いて、預金通帳のフィルム保存データによる預貯金の入出金確認や、預入伝票・出金伝票の現物を確認します。

(2)　調査官が行う銀行調査

　調査官が行う銀行調査は、次のとおりです。

①　銀行臨場による名義預金の調査

　銀行臨場による名義預金の調査では、被相続人名義のものばかりでなく、相続人や親

族名義、孫名義のものも確認対象となります。

② 入出金の伝票の確認

預金の入出金の伝票を確認し、預金伝票・出金伝票等の現物を確認して筆跡確認を行い、預貯金の管理運用は誰が行っていたかを確認することがあります（76ページ以下の例を参照）。

③ 相続人や親族・孫名義の預貯金

相続人や親族・孫名義の預貯金については、それが被相続人の名義預金かどうか、実質的な管理運用者は誰かの確認を行います。

届出印鑑が被相続人のものと同一でないか、利息・配当金の入金を被相続人が引き出して被相続人の預貯金に振り替えていないか等を預金伝票・出金伝票等の現物を確認します。

④ 預貯金の管理運用

被相続人が贈与した資金で預貯金が作成されていたとしても、その預貯金の管理運用を被相続人がしていたのであれば、実質的な預貯金の所有が被相続人であると判定され、被相続人の財産と認定されます。

さらに、孫等への贈与資金で孫名義の預金等を作成していたとしても、その預貯金等を相続人（被相続人の配偶者や子）が管理運用していると判断されたら、その相続人へ贈与として認定され、相続開始前３年内贈与に該当する場合は相続税の課税価格に加算されます。

⑤ 入出金の内容分析による申告漏れ預貯金の確認

相続開始前後の大口入出金、とりわけ相続開始直前の出金や、定期預金・定額貯金等の解約・作成等の入出金、利子・配当金の入金、貸金庫使用料の引落し、固定資産税の引落し、預金の入出金については、被相続人の各種財産の状況を反映している場合が多いです。

これら入出金の内容を分析して、申告漏れになっていないか確認します。

⑥ 貸金庫の中の現物確認

被相続人が貸金庫を借りていた場合、その中に保管されている現物の確認をします。調査の際に、相続人の立会いのもとで貸金庫を開けて保管物を確認します。

なお、被相続人の貸金庫だけでなく相続人の貸金庫も確認することがあります。この場合、調査官は開閉記録を確認し、いつ誰が、開閉しているのか併せて確認する場合があります。なお、貸金庫開庫依頼書は銀行に保管されていますので、筆跡により、いつ、誰が開閉しているか分かります。

（注）相続人が依頼した臨宅調査前日等の開閉記録があり、貸金庫内の中身がない場合等、調査のため貸金庫内を整理したものと疑われるかもしれません。

　例えば、次のように氏名が同一であっても筆跡が異なっていると、別人が貸金庫を開閉した可能性があることが分かります。

　なお、貸金庫の開閉は、カード式になっている場合があります。

■ 貸金庫開庫依頼書例1

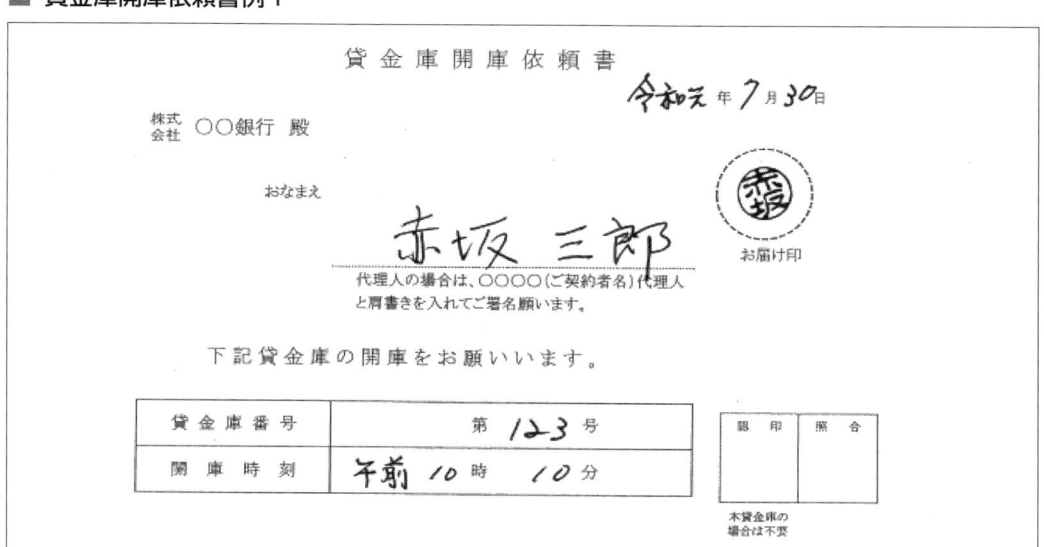

■ 貸金庫開庫依頼書例2

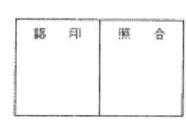

9 名義預金の調査

相続税調査において、調査官が名義預金について確認するポイントは次のとおりです。

また、名義預金はその帰属について調査官と主張が対立することもあるので、税理士としては生前からきっちりと管理運用について指導することが重要です。

なお、名義預金の調査は、相続人からの聴き取り調査と銀行調査を併せて行い、両者による事実を積み重ねることにより行います。

①　預金通帳の届出印の照合

家族名義の預貯金について被相続人と同じ印鑑を使用している場合には、名義預金であることが想定されます。そこで、預貯金口座は実際に誰が開設したのか、預貯金の入出金をしている者は誰かなどについて、相続人の説明が求められます。

相続人の応答と預貯金の入出金の動きについて、調査官が名義預金ではないかと疑義を抱く場合は、調査官は後日、銀行調査を行い、それぞれの預貯金口座の入出金の状況、印鑑登録時の筆跡や印鑑、入出金伝票の筆跡等を確認し、預貯金の真の管理運用者が誰であるのか、また、資金の出所は誰からのものか等について確認されます。

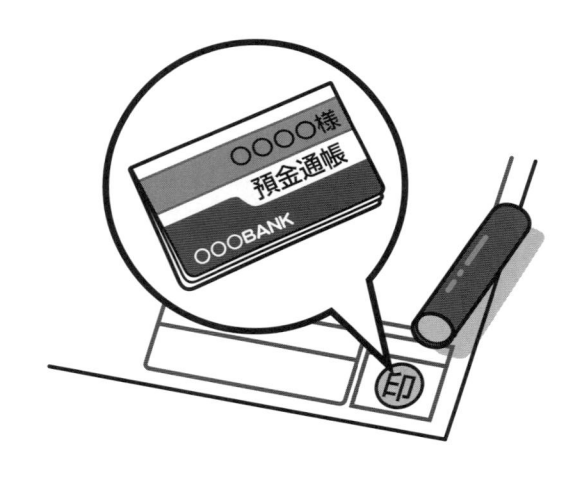

②　通帳や印鑑の保管者の確認

臨宅調査では預貯金通帳を管理している者が誰かついて、説明を求められます。

特に、通帳名義人の住所が遠方にあるにもかかわらず、被相続人の自宅近くに預金口座がある場合には、不自然であり、その理由と入出金を行っている者について聴取されます。

併せて臨宅調査の際、被相続人宅に保管されている通帳等の現物確認が行われます。

③ 預貯金の原資の確認

被相続人の無職の妻や娘などに多額の預貯金がある場合には、贈与の有無の確認と名義預金の有無の確認が行われます。

特に、相続開始前5年間の被相続人の預金口座からの出金については綿密に調査が行われ、贈与の事実の有無と併せて妻や娘の預貯金の資金が被相続人から支出されたものでないかの確認がされます。

なお、例えば、無職の妻及び娘に多額の預貯金があったとしても、それに見合う譲渡代金、退職金など、預貯金形成過程について理由があり、説明ができれば問題ありません。

④ 贈与事実の有無の確認

名義預金から除外されるためには、過去の贈与事実が明確にあること等が必要です。

預貯金名義人の資金が被相続人から出資されたものであっても、名義人が贈与により取得したもので、贈与税の申告等が行われている場合には問題はありません。

ただし、贈与が形式的なもので、実際には贈与が行われていなかったという場合は問題となります。

贈与の事実があると認められるポイントは、次の項目等です。

■贈与事実があると認められるチェックリスト

①	贈与契約書を作成していること
②	贈与税の申告書を提出していること
③	受贈者が贈与を受けた事実を認識していること
④	贈与された現金・預貯金等を受贈者は自由に消費していること
⑤	贈与を受けた預貯金等の利息を口座名義人が受領していること

　したがって、贈与があったことを証明するためには贈与契約書は必ず作成し、現金受渡しは手渡しでなく振込み等により行うなど、できるだけ証拠を残しておく必要があります。

⑤　質問応答記録書

　「17　質問応答記録書の作成」で記していますが、名義預金について確認された事項は、応答した内容の記録を残すことがたびたび行われます。

　調査官が作成する記録書が、「質問応答記録書」です。調査官は質問応答記録書を作成した後、記載事項を応答した者に読み聞かせ、応答した者の署名、押印が求められます。

⑥　税理士が申告に際して相続人等に確認すべき事項のまとめ

■　申告に際して確認すべき事項

1　過去の預貯金の入出金を確認することが重要です。

　例えば、被相続人や家族名義の通帳から100万円以上の入出金を抽出し、各口座について時系列的に横並びとすることにより、預貯金の発生状況及び消滅状況等の金額合致を確認することができます。

　これにより、名義間の預貯金の異動状況を把握することができ、名義預貯金や贈与等の有無の発見に至ることがあります。

2　相続人等による管理運用状況等の聴取も併せて行います。

　上記1とともに相続人等による管理運用状況等の聴取を併せて行い、名義預貯金と判断される預貯金がある事実が判明した場合は、被相続人名義預金とともに申告するが賢明です。

　また、贈与等の事実が判明した場合は贈与税の申告が必要となります。

■ 名義預金のチェック項目と生前からの適切な管理運用のまとめ

	名義預金のチェック項目	名義預金と認定されない要件 （生前からの納税者側の相続対策）
①	預金通帳の届出印が被相続人の届出印と同じでないかを確認される。	印鑑は名義ごとの届出印を使用する。
②	預金通帳や銀行届出印は誰が保管しているかを確認される。	預金通帳や届出印は各名義人が保管する。
③	預金の原資について被相続人から出ていないか確認される。	預金原資が贈与による場合は、贈与税の申告をしておく。
④	過去における贈与の事実を確認される。	上記③等の贈与税申告書控えや贈与契約書を保管する。

⑦ **各種伝票記載の筆跡の例示**

　各種伝票等の筆跡等や印章は、「預貯金の管理運用を誰が行っていたか」「預貯金の所有が誰のものであるか」を判断する際の重要な証拠となります。

　次ページ以降の普通預金伝票の筆跡をご覧ください。

　伝票の筆跡により、記載の名前が同一であっても、異なる人物が記載したことが一目瞭然です。

　逆に、名前が異なっていても、①同一の筆跡で伝票に記載され、②同時期に、③同一印鑑を用いて入出金を繰り返していると、同一人物が管理運用していたと判断される材料となることがあります。

　銀行調査は、相続税の税務調査では、相続財産かどうかを判断する証拠収集の場です。

　以下、各種伝票を参考に掲載していますので想像力をもってご覧ください。

（例１）

　次の普通預金印鑑票１と２を比較すると、住所氏名が同じであっても筆跡と印影が異なるため、別人が作成したことが分かります。

【普通預金印鑑票１】

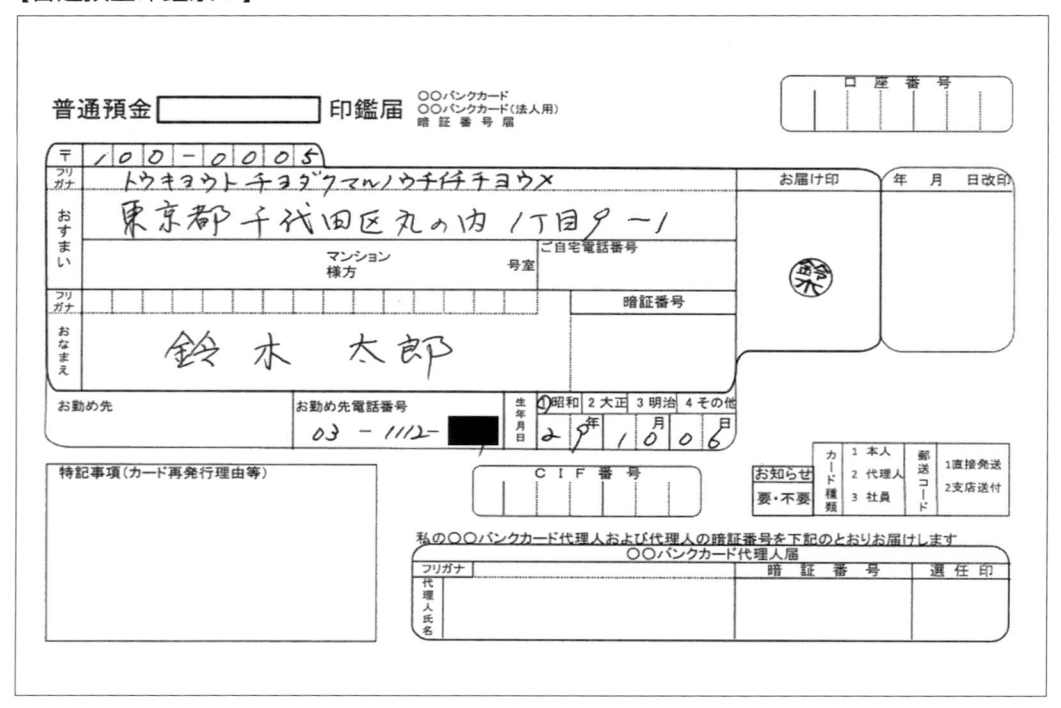

【普通預金印鑑票２】

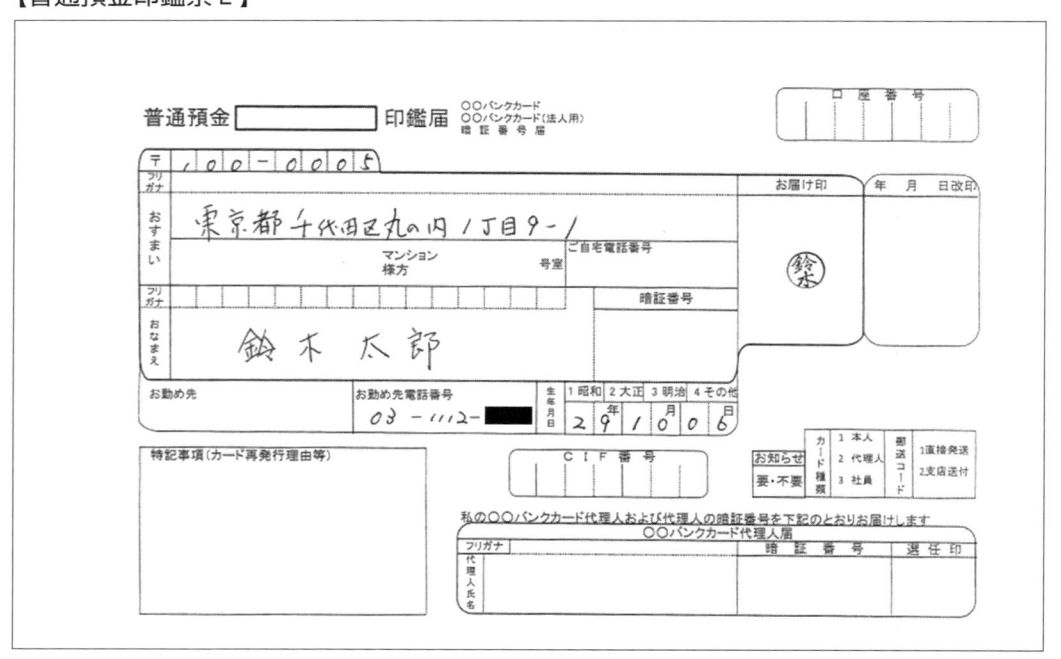

（例２）

　次の普通預金印鑑票３と４を比較すると、「おなまえ」欄は別人ですが、筆跡と印影が同じであると推定され、預金の作成が同一人であり、名義預金であることの裏付け証拠となります。

【普通預金印鑑票３】

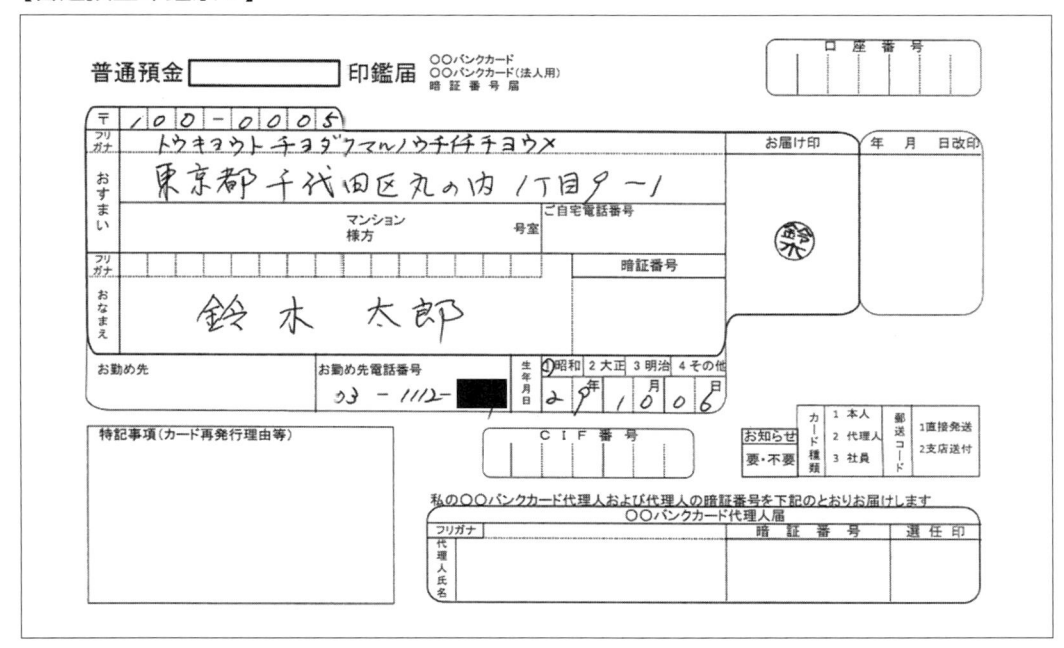

【普通預金印鑑票４】

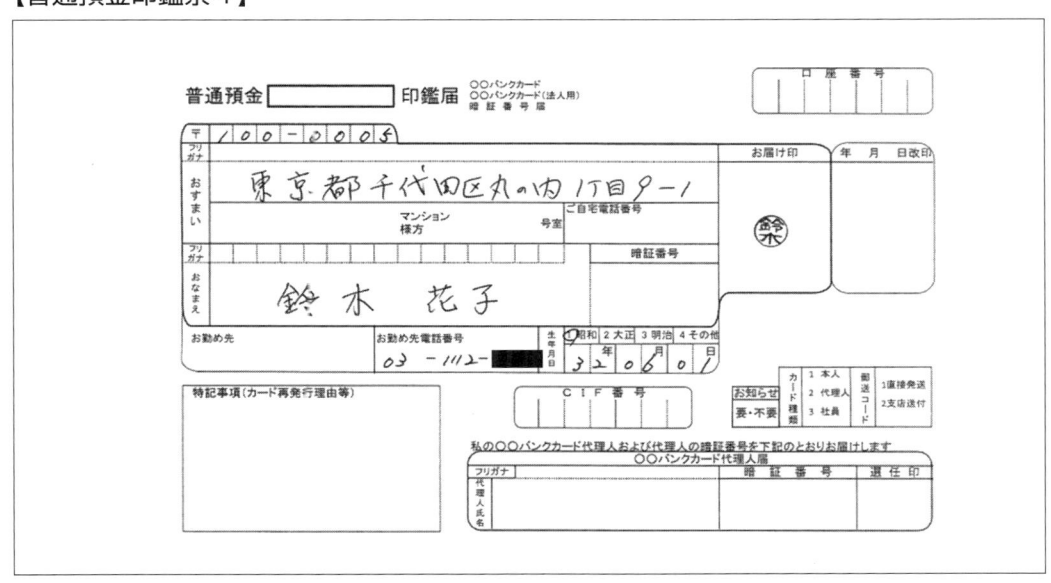

（例３）

　氏名と金額等が同じであっても筆跡が異なるため、別人が作成した証拠となります。

【普通預金入金票１】

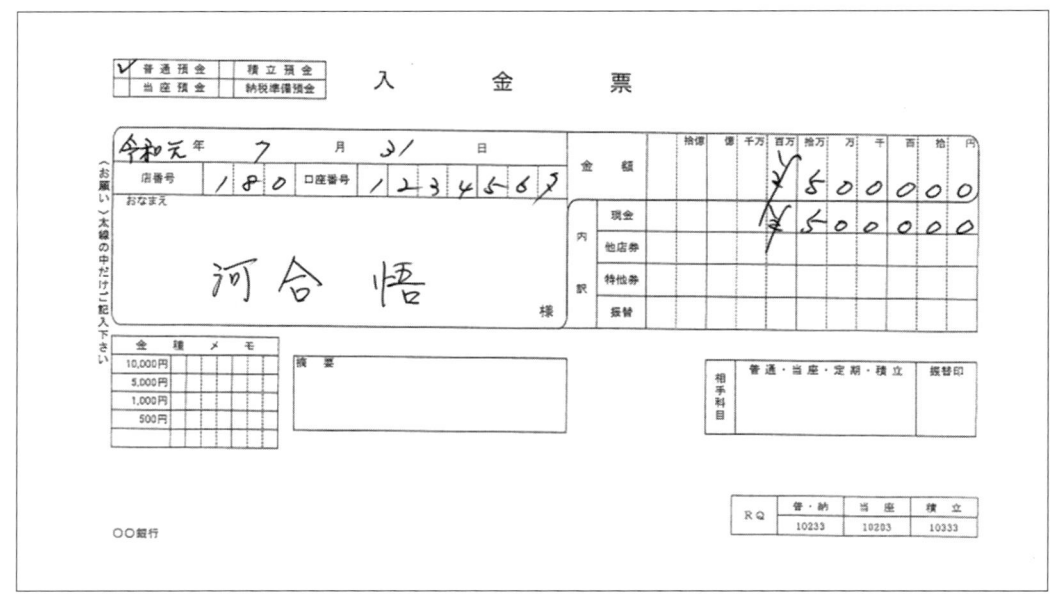

【普通預金入金票２】

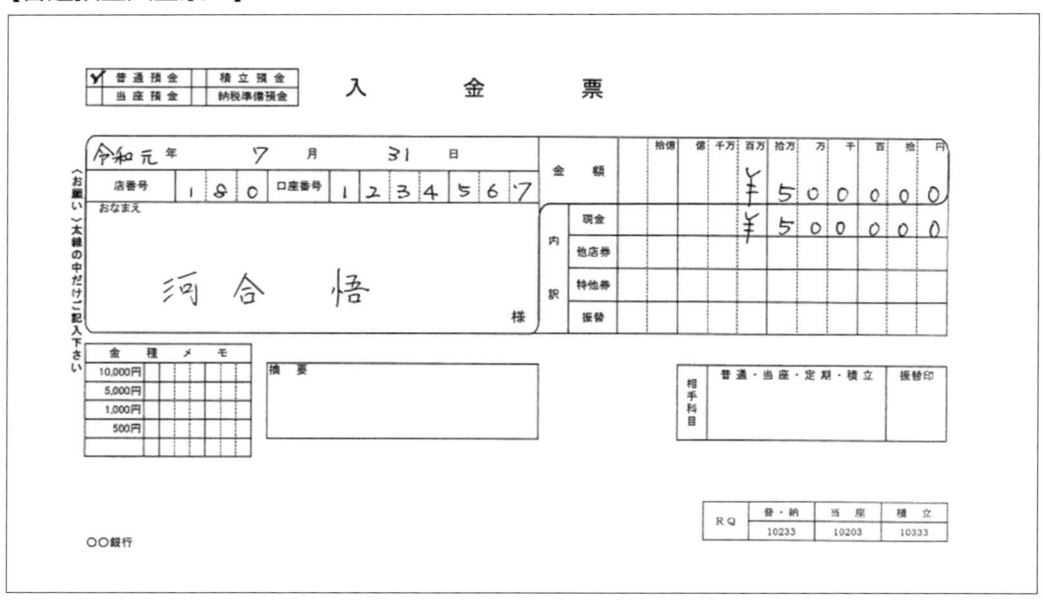

（例4）

　住所氏名と印影が同じであっても筆跡が異なるため、別人が作成したことが分かります。

【定期預金印鑑票1】

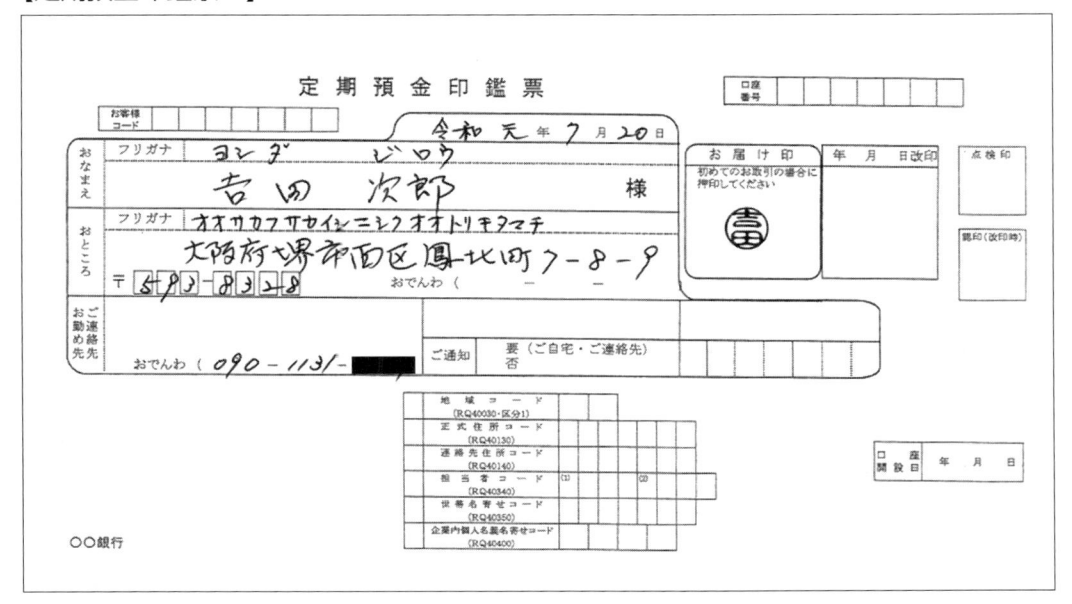

【定期預金印鑑票2】

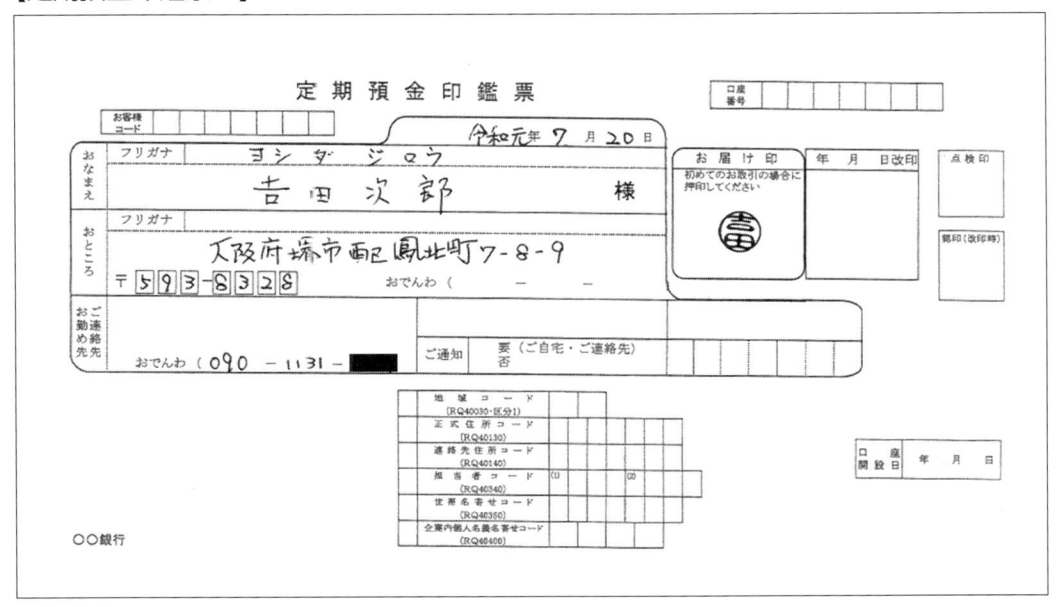

⑧　被相続人名義の申告漏れ預貯金を把握する端緒

　被相続人名義の申告漏れ預貯金については、次のような端緒で、申告されていない預金口座や取引金融機関が判明する場合があります。

■　被相続人名義の申告漏れ預貯金を把握する端緒

①	財産債務調書に記載された預貯金の金融機関
②	各税目の申告関係書類（特に、先代等の相続税の申告書、相続人及び受遺者の贈与税の申告書に記載された預貯金の金融機関）
③	関係法人の法人税申告書に記載された取引金融機関
④	各税目の過去の調査で提示又は提出した取引金融機関資料など
⑤	毎年1月末日に提出される各種の法定調書又は所得税申告書から明らかになる法定果実の入金先口座（収益分配金、償還金、利子、配当、地代家賃、給与、年金など）
⑥	株式や不動産の異動資料、あるいは高額な資産の取得資料等
⑦	過去の勤務地、事業所の所在地の近辺の金融機関

10 株式の調査

　上場株式と非上場株式では、調査方法が異なります。

　調査官は、上場株式について、その株式を取り扱う証券会社や名義変更の代行を取り扱う証券代行会社（信託銀行）に対して調査します。

　非上場株式は、発行会社のかつての代表者が被相続人であり、相続人が現在の代表者として事業を承継していることが多いことから、その株式の発行会社に直接確認します。

(1)　上場株式等の調査

①　証券代行会社への調査

　相続税の調査においては、事前に所得税の確定申告書における配当所得の内訳、財産債務調書（財産の合計額が３億円以上等の場合、提出が必要）、配当・剰余金の分配及び基金利息の支払調書、新株予約権の行使に関する調書等の資料や預金調査の際に把握した上場株式を基に証券代行会社に照会します。

　調査官は、この回答により、被相続人の相続開始時点の所有株式数、相続開始前数年間の株式の移動状況、配当金支払口座等を確認します。これにより、分割株式（会社法183条）、単元未満株式（会社法189条等）、名義株式等の申告漏れ株式を発見されることがあります。

②　証券会社への調査

　被相続人が取引していた証券会社に対しては、証券会社に訪問して売買、名義書換、配当金支払い口座等を確認し、信用取引をしている場合には、その証拠金や担保株式について調査します。

⑵ 非上場株式の調査

　オーナー経営者の意思によって株主の名義変更が容易にできるので、設立時の定款記載の株主、名義変更についての取締役会議事録や株主総会議事録、株主名簿、法人税申告書別表二「同族会社の判定に関する明細書」、「お買いになった資産の買入価額などについてのお尋ね（有価証券等用）」、株式取得代金支払の有無、株券発行の有無、株券裏面の株主名、株券保管場所、配当金支払先等を調査して、実質の株主を割り出します。

　少数株主を訪問して名義株である旨の質問応答記録書等を作成することもあります。

11 名義株（非上場株式）調査

　非上場会社の株式については、かつて商法の規定で発起人が7人以上必要であり、当該会社の株主については、所有する株式が名義株である場合があります。

(1) 調査対象となりやすいもの

■ 名義株の調査対象になりやすい項目リスト（非上場株式）

①	株価が高い会社の株式
②	被相続人の親族名義で多数の株式所有している会社の株式
③	株主の中に被相続人の同族法人が含まれている会社の株式
④	相続開始直前に株主の構成が変わっている会社や株式の贈与を毎年行っている会社の株式

① 株価が高い会社の株式

　当然のことですが、名義株調査では、調査する価値のある株価が高い会社の株式が優先的に調査対象に選定されます。

　他方、株価が低い会社の株式は、たとえ多くの事務量を投下して名義株を発見したとしても、効果的な調査とはいえないと考えられているため、調査対象から外される傾向があります。

② 被相続人の親族名義で多数の株式を所有している会社の株式

被相続人の親族名義で多数の株式を所有している会社の場合、名義上だけの売買・贈与により当該会社の株式を保有していることがあるため、調査対象に選定される場合があります。

③ 株主の中に被相続人の同族法人が含まれている会社の株式

前記②と同様の理由により、実質的に被相続人の親族が経営支配している会社は、株式を所有していても形式的なものにすぎず、実質的には親族自身が所有していると認められるケースがあるため、このようなケースも調査対象に選定される可能性が高いです。

④ 相続開始直前に株主の構成が変わっている会社や株式の贈与を毎年行っている会社の株式

被相続人の相続開始直前に、被相続人が所有していた株式を親族等に譲渡・贈与しているような場合には、調査される可能性が高くなります。

税務署では、株主の異動状況を法人税申告書別表二により把握していますが、相続開始直前又はその数年前から株式を移動させているようなケースでは、移動が、譲渡なのか贈与なのか、またその譲渡・贈与に合理的な理由があるか否か、又は譲渡・贈与が形式的なもので議決権等は実質的に被相続人が保有したままではないかについて、調査が行われることがあります。

(2) 臨宅調査で名義株に関して確認が予想される項目と名義株と認定されないためのポイント（生前からの調査対策）

	臨宅調査で名義株に関して確認が予想される項目	名義株と認定されないためのポイント（生前からの調査対策）
①	会社設立時の出資状況等について確認される	出資した証拠書類の保管を確認する
②	会社の経営参画状況について確認される	経営参画の程度を確認する
③	株券の発行・保管状況・株主名簿について確認される	会社へ発行状況等について確認する 株主としての認識の有無を確認する
④	株式を実際に所有していたか相続対策を講じていたかを確認される	株主としての認識の有無を確認する
⑤	増資等が行われた場合，増資先と払込状況について確認される	増資等の際の払込みの証拠の保管状況を確認する
⑥	株式の贈与又は譲渡の事実があったか及び譲渡代金の受領等について確認される	譲渡代金等の受取りの証拠書類の保管状況を確認する
⑦	株主総会への出席状況・委任状提出状況、開催の通知書の発送について確認される	株主総会等の開催、出席・委任の状況証拠を確認する
⑧	配当金の支払方法と受領等について確認される 配当金の申告の有無について確認される	配当金の領収書の保管状況を確認する 支払調書の提出の有無について確認する
⑨	株主からの買取請求の有無等について確認される	株主からの買取請求の有無を確認する

【上表の解説】

① 会社設立時の出資状況等について確認される

会社設立の経緯のほか、会社設立時の資本金出資の状況について確認されます。

平成2年に商法が改正される以前は、株式会社の設立には最低でも7人の発起人が必要でした。そのため、資本の拠出はオーナー経営者が行い、名義だけを知人から借りて株式会社を設立したというケースも見受けられます。

② 会社の経営参画状況について確認される

オーナーである被相続人の会社への経営参画関与度などを確認されます。

③ 株券発行・保管状況・株主名簿について確認される

株券の保管状況について確認されます。株券を発行していない会社は別ですが、現物確認は重要なポイントですので、必ずその所在は確認されると思われます。また、発行会社で株主名簿を確認されます。

「既に親族に譲渡又は贈与した株券が被相続人宅に残ったまま」という名義株を疑わせるケースもあります。

④　**株式を実際に所有していたか相続対策を講じていたかを確認される**

株価が高い会社の株式を保有していた被相続人は、自分の死後に残された家族の税金負担のことを考えて相続税対策を講じているケースが多いようです。

非上場の株式は、現金や預貯金と異なり、事業承継上、他人へ売却することができず、好業績企業では株価が高額であるため親族への生前贈与が困難で、相続が発生すると多額の相続税の課税対象となります。

そこで、所有の状況と事前に相続税対策を講じていたか否か及びその内容について確認されます。

⑤　**増資等が行われた場合、増資先と払込状況について確認される**

増資のあった時の払込みの状況を確認するため、増資先の資金の払込状況を銀行調査等により確認されます。

⑥　**株式の贈与又は譲渡の事実があったか及び譲渡代金の受領等について確認される**

会社設立から被相続人が亡くなるまでの間に株式の贈与又は譲渡の事実があったか否かを確認されます。

また、株式の譲渡が行われていた場合における株券の引渡しの有無及び譲渡代金の受領状況についても確認されます。株式が贈与されていた場合には、贈与税の申告の有無や、受贈者に贈与を受けたという認識があるか否かについても確認されます。

⑦　**株主総会への出席状況・委任状提出状況、開催の通知書の発送について確認される**

株主総会の招集のお知らせが届いているかどうか、また、株主総会への出席の有無及び委任状の提出の有無並びに開催の通知書の発送について確認されます。

⑧　**配当金の支払方法と受領等について確認される**

会社から支払われる配当金の受領について誰が受け取っていたか確認されます。また、所得税の確定申告において、誰が配当所得として申告しているかも確認されます。

⑨　**株主からの買取請求の有無等について確認される**

株主からの株式買取請求の有無について確認されます。

(3)　**質問応答記録書**

非上場株式の名義株の確認された事項は、応答した内容の記録を残すことがたびたび行われます。

調査官が作成する記録書が、「質問応答記録書」です。

調査官は質問応答記録書を作成した後、記載事項を応答した者に読み聞かせ応答した者の署名、押印を求めます。

⑷ 株式等の申告漏れを把握する端緒

被相続人名義の預貯金を把握する端緒の解説で示したものと重複しますが、次の資料等からも上場株式や非上場株式について、申告されていない株式取引の事実、銘柄や株式数等を把握することができます。

■ 株式等の申告漏れを把握する端緒

①	被相続人や相続人等が行った配当所得や配当控除の確定申告書
②	株式の譲渡所得の申告や株式の移動資料
③	財産債務調書
④	先代等から相続、贈与を受けた株式（相続税、贈与税の申告書）
⑤	関係法人の法人税の申告書に記載された株式の銘柄や株式数、また、関係法人の「法人税申告書別表二」の記載内容
⑥	金融商品取引業者から被相続人等宛てに送付された各種の書面
⑦	被相続人宅にある、カレンダーなどの金融商品取引業者のネームの入った販売促進品、私製の電話帳、人名簿、名刺入れ、年賀状や暑中見舞、御香典帳・葬儀参列者の記帳等

12 不動産の調査

(1) 不動産調査の特徴

　前記**3**において、「相続税調査では現金・預貯金等及び有価証券の申告漏れの把握に重点を置いている。」というデータがありますが、それでは不動産に関する調査はそれほど心配がいらないのかというとそうではありません。

　不動産評価に明るくない税理士から、不動産評価に際して現地に行かず評価するという声を聴いたこともあります。

　預貯金や有価証券と異なり、不動産については不動産登記制度により、相続人に限らず誰でもその存在を把握することが容易です。

　したがって、建物増築による未登記部分や、土地等実測による縄伸びのケースは申告漏れが認められるものの、申告すべき相続財産から丸々漏らしてしまうことは比較的少ないものと考えられます。このことから相続税調査で非違全体に占めるウェイトが少ないのかもしれません。

(2) 不動産評価の重要性

　前記**2**において記載したとおり、申告された相続財産の金額の構成比は、不動産が平成29年分で41.9％（平成28年43.5％）を占め、相続財産の構成割合の第一位を占めており、このことから、不動産評価をないがしろにしてはいけません。

　なぜなら不動産の評価額は基本的に高額であり、一度評価を誤ると課税価格に及ぼす影響が小さくないのが実情で、しかも、納税者には相続税評価の技術的なことはわかりません。このようなことから、不動産評価誤りは、税理士の責任であり、賠償責任が問われる場合もあります。

　したがって、税務上の不動産の評価の中心である財産評価基本通達に基づく評価方法に習熟することが相続税申告には必要で、相続税を扱う税理士にとって何よりも重要となります。

　不動産の評価は相続税の専門家としての知識や技量が如実に表れる分野であり、相続税評価に精通していない税理士にとっては苦手分野です。

(3) 生前の不動産に関する相続対策

　長年の実務の経験から言いますと、不動産評価は、相続税申告に当たって対策できるものではなく、財産評価基本通達に則って評価すべきところは適切に評価を行い、ま

た、減額できるところは減額するべきだと考えます。

■ （参考）生前に不動産を活用した相続対策の例

不動産に関する相続税の節税対策は、相続開始後するものではなく、生前に行うべきもので、例えば次の項目が該当します。

・生前の元気なうちに借入金により不動産を購入する。

・上記購入不動産を賃貸借して借家権を発生させ評価額を減額する。

（理由）

不動産評価額は、不動産の買入価額より低いのが通常です。

なぜなら、路線価評価は評価の安全性の原則により、公示価格の80％水準で評価することになっているからです。

建物の固定資産評価額は、購入価額よりも安価であることが通常です。さらに、その建物を賃貸借することにより、建物評価額より借家権割合30％相当額を控除できます。

⑷ 相続開始後に税理士が行うべきこと

相続税調査の際には、不動産評価が適正であるかどうか、未登記建物や先代名義の不動産、遠隔地の不動産等が申告されているかどうかを確認されます。

したがって、相続開始後においては、これらのことを念頭において申告することが大切です。

① 適正な評価を行う

不動産の申告では、「土地及び土地の上に存する権利の評価明細書」に記載されている利用状況どおりに利用されているかどうかの確認することが必要です。

調査では、間口、奥行距離等が適正かどうか、土地の形状による不整形地補正が適切に行われているか等が確認されます。

また、利用状況について、宅地は、一画地の宅地（利用単位となっている一区画の宅地）を評価単位として評価します。「一画地の宅地」とは、必ずしも一筆の宅地からなるとは限らず、二筆以上の宅地からなる場合もあり、一筆の宅地が二画地以上の宅地として利用されている場合もあります。

したがって、調査では二筆以上の宅地が一体として利用されている場合や一筆の宅地の利用用途が2以上である場合には、それぞれの面積が適正か、実際の利用状況の確認が行われます。

なお、土地や建物の賃貸借契約書の有無、土地の利用に関する各種届出書（土地の無償返還に関する届出書、相当の地代の改訂方法に関する届出書、借地権者の地位に変更

がない旨の申出書、借地権の使用貸借に関する確認書）の提出の有無について、これら
の書類との照合調査が行われます。

　不動産調査の進め方につきましては、第2章「不動産評価と調査対応のポイント」をご
覧ください。

②　未登記建物・先代名義の不動産

　家屋を増築したにもかかわらず増築部分の登記をしていない場合で、その増築部分を
加味して固定資産税評価額が改定されていない場合、先代の相続に関して相続登記をし
ておらず先代名義のままになっている不動産等がないかどうかの調査が行われます。

　固定資産税名寄帳（課税明細書）、所得税申告書の不動産所得の明細、財産債務調書、
被相続人が相続人（納税義務者）として関与した相続税申告書及びその調査資料等を基
に調査されます。

③　遠隔地の不動産

　投資目的の賃貸用不動産、別荘やリゾートマンションがないかの調査が行われます。
所得税申告書の不動産所得の明細、財産債務調書、取引金融機関からの固定資産税の支
払い（自動引落し）等を基に調査します。

13 美術品の調査

　富裕層は、美術品の収集家である場合もあり、税理士も一定の知識を有する必要があります。

　また、書画、骨とう品等の美術品は、売買実例価額、精通者意見価格等を参酌して評価することになっています。

財産評価基本通達135

（書画骨とう品の評価）

　書画骨とう品の評価は、次に掲げる区分に従い、それぞれ次に掲げるところによる。

(1)　書画骨とう品で書画骨とう品の販売業者が有するものの価額は、133《たな卸商品等の評価》の定めによって評価する。

(2)　(1)に掲げる書画骨とう品以外の書画骨とう品の価額は、売買実例価額、精通者意見価格等を参酌して評価する。

　美術館や博物館所蔵の美術品は所有者が明らかにされていますが、誰が所有しているか不明な場合があります。また、収集家の間では、所有自体を知られたくなくて秘匿している場合もあります。

　ここでは、趣味の範疇の収集について概説します。

　美術品を所有している方は、茶道家、華道家等のように職業により所有する方、趣味により収集している方、投資目的で所有している方と様々です。取得の形態を見ても、代々家に伝わってきたもの、被相続人が自ら買い求めたもの、贈答されたもの等が考えられます。

　これらの美術品の真贋を見分けることは非常にむずかしいものですが、取得の経緯、保管の状況、被相続人の職業等も一つの判断の指標となります。

　美術品を分類すると次のようになります。

大分類	中分類	小分類
絵　画	古　画	
	近代絵画	日本画、洋画
	版　画	浮世絵版画、リトグラフ（石版画）
	エッチング等	

書　跡	古筆、墨跡（和紙あるいは唐紙に毛筆で書いた書のこと）	
	近世著名人の書跡	
彫　刻	仏　像	
	近代彫刻	
工　芸	漆　芸	蒔絵、堆朱（ついしゅ）
	金　工	鋳金、彫金、鍛金
	陶　磁	古磁器、近代陶磁
	刀　剣	甲冑、刀剣
	その他	染織、織物、木工、竹細工、ガラス、根付等

所蔵庫

屏風

平卓　螺鈿

棚

色絵鉢

水指

伊万里　大皿

菓子鉢

(1)　趣味等により収集している場合の注意点

　被相続人が美術品の鑑賞を趣味として収集している場合は、陶磁器を主としてとか、刀剣類を系統立てて所有している場合が多いといえます。

　取得先は、特定の美術商がいる場合がほとんどで、顧客からの注文で探してきたり、出物があった時に紹介したりします。また、デパートの外商からの購入も多いので、展示会の案内状等がある場合は注意が必要です。

　また、美術商は美術品の保管倉庫を持っており、得意客について、客の美術品を預かっている場合が多々あります。売却した品物を預かったり、売却依頼を受けた品物を売れるまで預かったりする場合です。美術商は職業柄、預かり先を開示することはありませんが、臨宅調査の際に美術品メモ、購入代金の振込伝票等により美術商等に預けていることが判明することがあるので事前に確認しておきます。

　調査では、美術品の保管場所として、次の箇所を確認されることがあります。

① 自宅の蔵等

　　保管に大きな場所が必要な屏風専用庫、茶道具専用庫等の保管場所して利用される場合があります。

② トランクルーム

③ 美術館、博物館、刀剣協会等

　　国宝、重要文化財や有名な美術品やは、文化庁等が把握しており国立博物館なども所有者を把握しています。

④ 美術商

⑤ 関係法人の応接間、社長室等

　なお、著名な美術品については美術品の専門雑誌等に所有者が紹介されていることが多く、これらが自宅に保管されている場合や刀剣類については都道府県教育委員会文化財係の登録台帳に登載されるので、登録証がある場合などは注意が必要です。

(2) 被相続人の職業から見た注意点

　美術品を所有する職業としては、茶道、華道、書道、能楽、剣道等があり、それぞれ茶器、華器、書蹟、絵画、能面、刀剣などを所有しています。

　なかでも、特に茶道は茶道具の鑑賞が重要視される関係上、道具そのものが高級な美術品となっています。各宗派の家元ともなると、茶器は何千点にも及び、代々家元に伝わる家宝的なものから練習用まで種々雑多ですので蔵品目録により申告すべき物か否か判断することが必要です。

　また、家元から免許を受けた各支部の師匠についても、高価な茶道具を所有していることが多いようです。

筒釜

茶碗

所蔵庫

茶道具

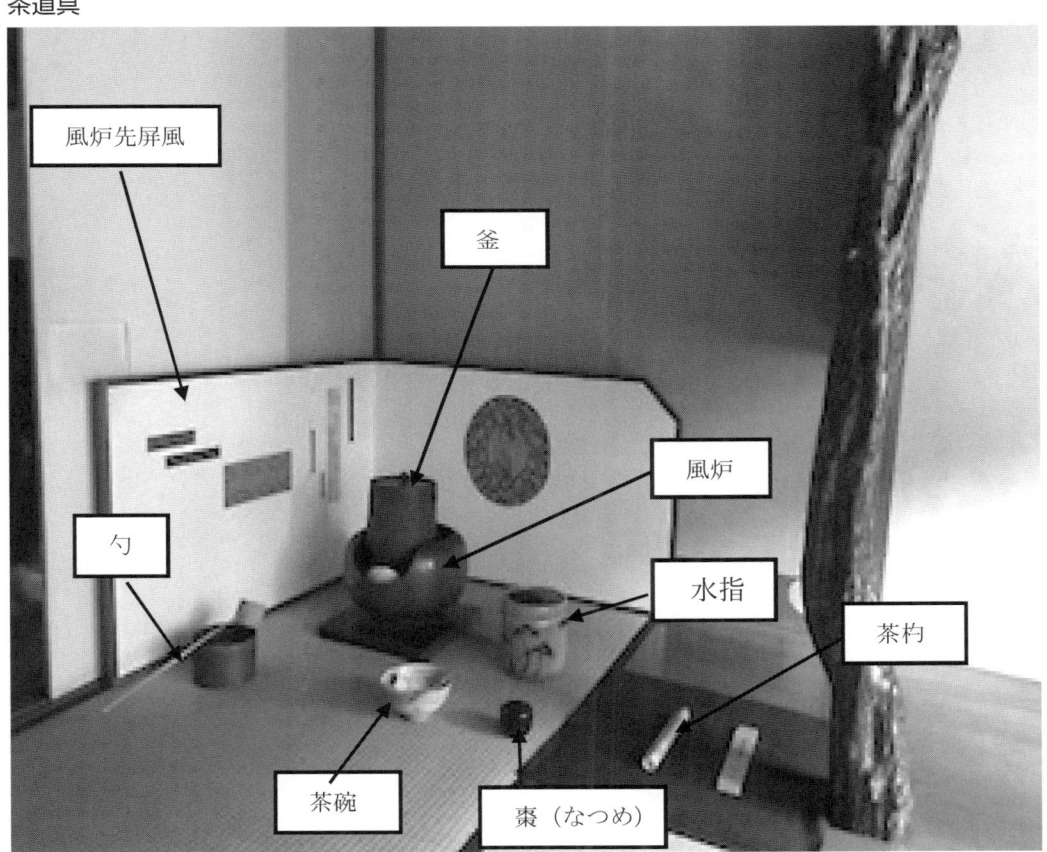

（3）　茶道具

　茶道とは、一定の作法にのっとってお茶を点てそれを飲むものだけのものと思われがちですが、美術、工芸、詩歌、書画、生花、茶室建築や造園、懐石料理や菓子にまで至る幅広い分野にまたがる日本古来の伝統的な芸術です。

　茶道をたしなむ茶道具の種類には、概ね次のものがあります。

掛軸	墨跡（ぼくせき） 絵画	掛軸は、裂（きれ）や紙で軸物に表装して、床に掛けられる書や画で、茶道では「掛物（かけもの）」といいます。 中国（墨蹟＝禅僧が墨筆で書いた筆跡） 日本（古筆、短冊、色紙、消息（手紙）） 水墨（宋、元、明、狩野派） 彩色（大和絵＝土佐派、琳派）
花入	金属 陶磁器 竹、瓢、籐	花入（はないれ）は、茶席に飾る茶花を入れる器で、金属・磁器・陶器・竹・籠製のものなどがあります。 唐銅（からかね）、鉄、砂張（さはり） 形（鶴首（つるくび）、下蕪（しもくぶら）、象耳（ぞうみみ）、舟） 青磁、安南（あんなん）、染付（中国、日本） 竹、籠（かご）、瓢（ひさご）
風炉（ふろ）	土風炉 唐銅風炉 鉄風炉 板風炉	風炉は、火を入れて釜を掛ける道具で、夏の風炉、冬の炉と使い分け、風炉は大体5月初旬から11月初旬まで用いられています。冬でも炉のないところでは風炉を用います。 形状により、切合風炉、朝鮮風炉、鬼面風炉、眉風炉、透木風炉、紹鴎風炉、頬当風炉（前欠風炉）、道安風炉、丸釜風炉、尻張風炉、阿弥陀堂風炉、達磨風炉、面取風炉、四方風炉、眉四方風炉、鶴首風炉、雲龍風炉、鳳凰風炉、琉球風炉、丸風炉など
風炉先（ふろさき）		風炉先は、風炉先屏風（ふろさきびょうぶ）といい、点前のときに道具を置く道具畳の向こうに立てる二枚折りの屏風のことです。 　風炉先は、利休形を基本とし、流儀や好みによって多種多様なものがあります。 　風炉先は、風炉の季節には、腰張りのものや、腰板に透かしをいれたり葭（よし）を張ったものを使ったりもします。
香合（こうごう）	陶磁器	香合は、風炉や炉の中で焚く「香」を入れる「盒子（合子：ごうす）」（小さな蓋付の器）です。 唐物（青磁、染付、交趾（こうち）、宋胡録（すんころく）、呉須赤絵（ごすあかえ）、祥端（しょんずい）、南蛮） 和物（楽、京焼、仁青、織部） 唐物（堆朱（ついしゅ）、堆黒）和物（蒔絵、鎌倉彫、木地）

釜	芦屋 天明 京釜	釜は、湯を沸かす鋳鉄製の道具で、茶事・茶会を催すことを「釜を懸ける」とか「懸釜」と言うように大事な道具です。 古芦屋、伊勢芦屋、越前芦屋、播州芦屋など 佐野、小田原 西村家、名越家、大西家などの釜師
水指	唐物 和物	水指は、茶碗をすすぐ水や、釜に足すための水を入れ点前座に据える道具です。 陶磁器（青磁、染付、高麗、南蛮） 金属（唐銅（からかね）、南鐐（なんりょう）、七宝）、塗物、木地曲物 国焼（唐津、備前、楽、信楽）、手桶（塗、寄竹）
茶入	唐物 和物	茶入は、点前に使用するための、濃茶を入れる陶製の容器です。 唐物 国焼（瀬戸、高取、志戸呂、信楽、薩摩、備前、丹波）
茶杓（ちゃしゃく）		茶杓は、茶入や薄茶器の中の抹茶をすくって茶碗に移すさじのことです。 象牙、竹の節無、元節 竹の中節 木（桑、梅など）の中節、節無、芋茶勺（いもちゃくし）
茶碗	和物 国焼 楽焼 唐物 高麗 島物	茶碗の種類は、日本の窯で焼かれた「和物」と和物以外の「唐物」に大別されます。 　「和物」は、「楽焼」と楽焼以外の「国焼」に分けられ、「唐物」は、朝鮮で焼かれた「高麗（こうらい）」とその他に分けられています。 天目（曜変、油滴、禾（のぎ）） 瀬戸天目（日本）、青磁 井戸、熊川（こもがい）、三島、堅手、刷毛目、呉器 阿南染付、宋胡録 瀬戸、萩、楽、唐津、信楽、京焼
薄茶器（うすちゃき）	漆器 陶磁器	薄茶器は、薄茶を入れる容器の総称です。 棗（なつめ）、丸棗、金輪寺（きんりんじ）、中次（なかつぎ）、吹雪（ふぶき） 四滴（してき）、阿蘭陀（オランダ）、国焼

> 　現代の茶道社会は、それぞれ家元をいただく数十流以上の流儀の茶人によって構成されており、茶を学ぼうとする人は、いずれかの流儀に入門することになります。
>
> 　千利休を祖とする茶道家元の三家は、表千家・裏千家・武者小路千家をいいます。
>
> 　千利休の孫の千宗旦は、江戸初期に利休の侘茶を推進する一方、三男宗左に表千家を四男宗室に裏千家を次男宗守に武者小路千家をそれぞれ興させて三千家を確立しました。

⑷　茶道具の評価額

　茶道具の評価額は、「お茶会用」と言われる伝来品や作家ものが重要なポイントになります。伝来品は、例えば楽茶碗であれば、箱に伝来を証明する書付があるかどうかが重要になります。また作家ものは本人直筆の箱書があるかが重要になります。

　一方、日常的に気軽に使う茶道具は「お稽古もの」と言われ安価です。

　紙の箱や杉の箱に入っているものは廉価の「お稽古もの」の可能性が高く、桐の箱や黒塗りの箱に入っているものは伝来品や作家ものである可能性があります。

⑸　その他の注意点

　美術品については、損害保険契約の有無も重要な調査項目です。

　保険契約証の確認についても注意が必要です。

　なお、個別の美術品鑑定については、事務代行株式会社日税ビジネスサービス、日本税理士協同組合連合会が美術品鑑定サービス事業を行っているほか、一般画廊などの美術品取扱業者が鑑定評価に応じてくれます。

　鑑定品目は、絵画（洋画・日本画）、掛軸、書画、屏風、茶道具、陶磁器、彫刻等と広範囲で、評価方法は、①専門スタッフが指定された場所に出向いて写真撮影、コンディションチェック等を行った上で評価等する方法、②対象物件の写真、購入時の領収書、サイズ等の内容から、判断し評価等する方法の2種類があります。

14 貴金属・宝石等の調査

　宝石等を投資目的で所有する方は少ないですが、趣味とする方、社会的に地位の高い方は高価な品物を所有している傾向があります。高価な宝石類については、そのほとんどに鑑定書があり、品名、品質、取得先等を確認できます。

　宝石類は、火災、盗難のおそれがあるため損害保険に加入し、保管も貸金庫を利用することが多いので注意が必要です。

　貴金属のうち、金地金は投資目的で所有している方がほとんどで、専門の取引業者による取引が多いため、次の点について調査されます。

> ● 購入資金が小切手、振込等で支払われていないか
> ● 手帳等のメモに所有している記録がないか
> ● 現物を自宅に保管していないか

　また、歯科医、メッキ業者等のように金地金を使用する業種では、個人で多量の金地金を所有している場合が多いので注意が必要です。

15 庭園設備の調査

臨宅調査では、被相続人宅の建物等の周囲に庭がある場合があります。

この場合の評価は、調達価額の100分の70に相当する価額により評価することになっています。

この場合の「調達価額」とは、課税時期においてその財産をその財産の現況により取得する場合の価額をいい、例えば、庭石については店頭価額ではなく、課税時期において存する庭先への搬入費、据付費等を含んだ価額となります。

財産評価基本通達92

（附属設備等の評価）

(1) ……

(2) ……

(3) 庭園設備

庭園設備（庭木、庭石、あずまや、庭池等をいう。）の価額は、その庭園設備の調達価額（課税時期においてその財産をその財産の現況により取得する場合の価額をいう。以下同じ。）の100分の70に相当する価額によって評価する。

---

(1) 庭園の種類

庭園は、大別して、和風庭園、洋風庭園及び和洋折衷庭園に分けられます。

和風庭園の特徴としては、マツやマキなど枝や幹に曲線形を持つ樹木が多く使われており、また、自然石、つくばい、石灯籠、池などを配置し、自然の美を生かした構成となっています。

洋風庭園は、和風庭園に対して、ヒマラヤスギ、ソテツなど直線形を持つ樹木が使われ、添景物も彫像、工芸品、噴水など整形化されたものが配置されます。

和洋折衷庭園は、和風庭園と洋風庭園の要素を織り混ぜ、和風建築にも洋風建築にもマッチした近代的庭園といえるものです。和風趣味に重点を置いた場合は、自然的、情景的な趣が強くなり、洋風趣味に重点を置いた場合は、機能的な色彩が強くなります。

(2) 庭園の地割

庭園の地割は建築の間取りに相当するもので、建物の玄関、勝手口、居間に面する部分をそれぞれ前庭、裏庭、主庭と呼びます。

住宅の庭園は、一般的にこれらの3つ部分から構成されています。

前庭……一般の道路と玄関を結ぶ通路をはさんで設けられている部分

裏庭……玄関から台所に続く道を挟んで設けられている部分

主庭……居間に面する場所で、一般的には家屋の南東側に設けられている部分

■ 地割の例

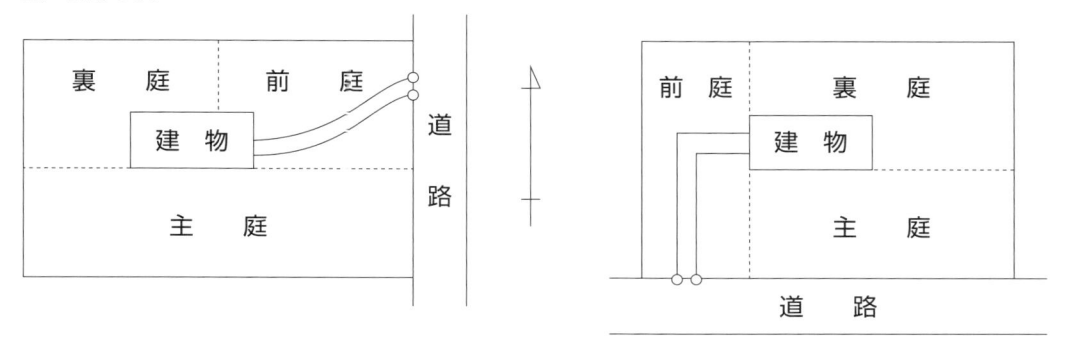

(3) 庭の良否の判定

区 分	よい例	よくない例
外観・機能	住宅と庭園がよく調和している。	庭の鑑賞上の中心点がない。 まとまりがない。
実用性	使いよい。 無理がない。	不便である。 通路、物干、物置などの配置が悪い。
材 料	自然美が現れている。 合理性・調和性に富んでいる。	材料が多すぎる。 わけもなく植込まれている。
配 植	用い方に無理がなく、自然にかなっている。	生育上無理がある。 先ゆきが案じられる。

(4) 庭 木

① 庭木の見方

イ 庭木は良い根を持っているものがよいとされていますが、外見的にこれを見分けるのは難しいため、根と表裏一体となる葉によって見分けます。葉が委縮しておらず、樹姿、樹勢もしっかりしているものがよいとされています。

ロ 地上部では下枝が多くあるもの、枝と枝の間隔が短いもの、枝が四方に平均的に伸びているものがよいとされています。

ハ 幹は、樹種特有の形状で発育したものがよく、樹皮ははち切れるような生色のあるものがよいとされています。

ニ 葉は適当な大きさで、色も鮮やかすぎず、くすんだりしていないものがよいとされています。

要するに庭木は、幹や枝や葉が生き生きとしていて、ほぼ均整に分枝した枝張りをしており、よく整った樹形や樹冠をしているものがよいとされます。

② 庭木の分類

イ　中高木

	マツ類	アカマツ、クロマツ、ゴヨウマツ、ダイオウショウ、タギョウショウ、エゾマツ
常緑針葉樹	マキ類	イヌマキ
	スギ類	ダイスギ、コウヤマキ、ヒノキ、サワラ、ヒバ、カイヅカイブキ、ビャクシン
	イチイ類	イチイ、キャラボク
常緑広葉樹	カシ類	シラカシ、アラカシ、マテバシイ
	モチ類	モチノキ、クロガネモチ、ソヨゴ、イヌツゲ
	ツバキ類	ツバキ、サザンカ、モッコク、サカキ
	モクセイ類	キンモクセイ、ギンモクセイ、ヒイラギ
	その他	ユズリハ、ヤマモモ
落葉針葉樹		カラマツ
落葉広葉樹	カエデ類	ハウチワカエデ、イタヤカエデ、イロハモミジ、シダレモミジ
	ウメ	シダレウメ、ブンゴウメほか多数
	サクラ	ヤマザクラ、ソメイヨシノ、カンザクラ、カンザン、オオシマザクラ、シダレザクラほか多数
	ブナ類	ブナ、コナラ、カシワ、ウバメガシ

ロ　灌木、低木

	ツツジ類	オオムラサキツツジ、シャクナゲ、アセビ
常緑広葉樹	ツバキ類	ヒサカキ、サカキ、カンツバキ
	その他	アオキ、カクレミノ、センリョウ、マンリョウ
落葉広葉樹	ツツジ類	マツバツツジ、ヤマツツジ、キリシマツツジ、サツキ、ヒラドツツジ、ゲンカイツツジ、ドウダンツツジ、サラサドウダン
	バラ科	ヤマブキ、シモツケ、コデマリ、ユキヤナギ、カイドウ
	ニシキギ科	ニシキギ、マユミ、ツリバナ
	マンサク科	ヒョウガミズキ、トサミズキ、マルバノキ
	その他	アジサイ、ハギウメモドキなど

ハ 下草類

常緑多年草		リュウノヒゲ、タマリュウ、ヤブラン、ツワブキ、セキショウ、シュンラン、シャガ、エビネ、ユキノシタ、アシュガ
夏緑多年草		ギボウシ、シュウカイドウ、ホトトギス、ミヤコワスレ、リンドウ、ユリ類
シダ植物		トクサ、ヤブソテツ、クサソテツ、クジャクシダ
笹類		オカメザサ、チゴザサ、クマザサ
苔類		スギゴケ、地ゴケ、クラマゴケ

③ 庭木類の価格

　庭木類の価格は、一般的には、標準価格が目安とされますが、その樹木の各部分の良否、樹齢、取引当事者の好みなどによって大きく左右され、特に樹姿等の良好なものについては、かなり高額な価格で取引されます。

(5) 庭 石

　庭石は、山石、川石、沢石、海石の自然の石を材料として、庭園に用いられているもので庭木などとともに、庭には欠かすことのできないものです。

　用途別に分類すると、景石（捨石）、組石、積石、敷石、飛石、まき石などがあります。

① 庭石の用途別分類

景石（捨石）	庭園に風致を添えるため、庭の随所に配置された石 形状、色彩等装飾的条件の備わった石が使われる
組 石	形の違った二つ以上の石を組み合わせ、庭に配置されたもの
積 石	池泉の護岸や道路に面した境界、前庭と後庭との高差面等に石積された石
敷 石	通路、玄関先、庭などに敷きならべた石
飛 石	日本風の庭園の通路に敷きならべた石で、少しずつ離して敷きならべたもの
まき石	茶室の庭などにまき散らしたように所々に置く石

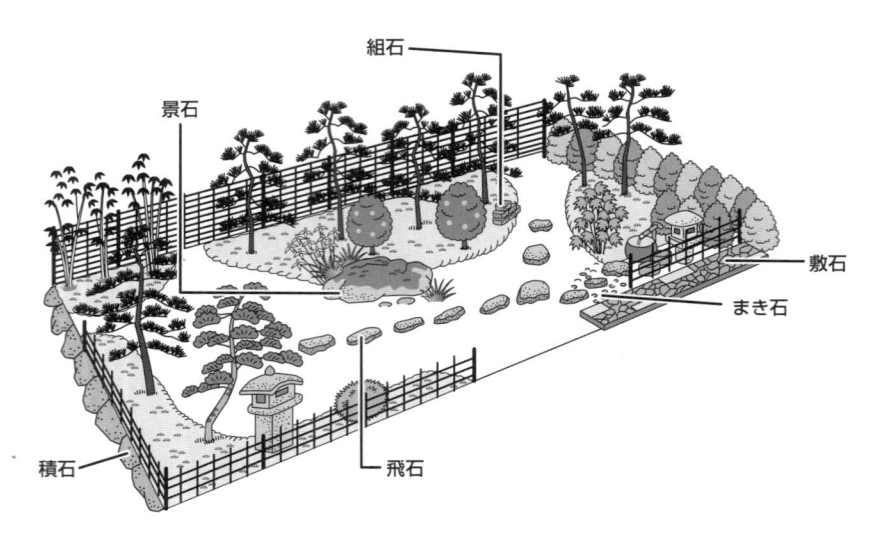

② 主な庭石とその産地

種類	石名	産地
山沢石石	鞍馬石	京都府鞍馬
	筑波石	茨城県筑波山麓
	甲州石	山梨県塩山、大月、笹子、初符辺など
	本御影石	兵庫県六甲山
	生駒石	奈良県生駒山
	三州石	愛知県岡崎
	黒ぼく石	富士、伊豆、相模浅間地方
	秩父青石	埼玉県秩父市
	大谷石	栃木県大谷
	六万石	本州各地
	鉄平石	長野県諏訪付近
川　石	加茂川石 白川石 木曽川石 天竜川石	京都府加茂川 京都府白川 三重県木曽川 静岡県天竜川
海　石	伊予青石	愛媛県宇和島
	阿波青石	徳島県
	紀州青石	和歌山県
	ごろた（五郎太）	和歌山県、京都府、山梨県、静岡県、神奈川県、東京都、栃木県、新潟県
	青那智、黒那智、白那智	和歌山県

③ 庭石の良否の見分け方

庭石の良否は景石（捨石）、組石、飛石など庭石の用途に応じた石の種類、全体的な形、局部の表情、大きさなどをよく観察して、判断します。

景石（捨石）は、天端（二面）、見付（正面）、見越（両側面）、根（裾）、底（敷）の5部分からなりますが、これらの各面が庭石の良否の判断の対象となります。

とくに、見付（正面）の部分の野面の程度、色沢、石理（層理）、硬度については、よく吟味する必要があります。

また、組石については、だいたい、角石で面に大小の変化のあるものが良い石といわれ、鋭角の稜があったり、棒石、丸石、伏石などは悪い石といわれています。

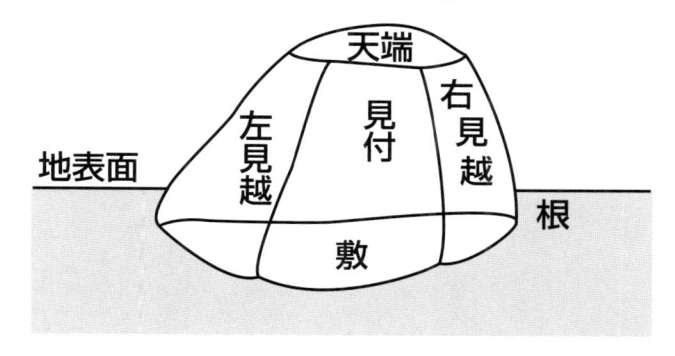

■ 石の姿の説明

- 天端（てんぱ）

  天端とは、庭石の上側にある平らな面のことです。

  平面を天に向けて据えた庭石のことを、「天端がある」といいます。

- 見付（みつき）

  見付とは、庭石の側面の中で、据えたときに正面にくるものです。面や表と呼ぶこともあります。

- 見越（みこみ）

  庭石の側面の中で、据えたときに左右にある面のことです。

- 肩

  肩は、上記の見付、又は見越と天端の境目を指します。

- 鼻

  鼻は庭石の中で横方向に飛び出した部分をさします。

  ただし、庭石の形によっては、鼻がない場合もあります。

- 根入れ

  庭石を据えるときに、地面に埋める深さを根入れといいます。

④　庭石の価格

　景石（捨石）、組石などに用いられる庭石は、石質、形状、色沢、大きさなどにより、1個又は1組単位で、また積石、飛石、敷石などの庭石についてはトン単位で取引されることが多いようです。景石（拾石）、組石の価格は、一般的にはトン当り標準価格が目安となりますが、とくに形状、色沢のすぐれたものは、標準価格をかなり上回ります。

　鞍馬石、根府川（ねぶかわ）石、紀州貴船石、吉野川石等は高級材です。

　庭石の具体的な価格というと、あまりピンとこない方も多いでしょう。そもそも近くの川や海、山に行けば転がっているものですから安いと思われるかもしれません。しかし、現実は、日本では石や砂を採取するのに許可が必要なので、敷地内にもともとある石がよさそうだからといって、違う場所へ勝手に持って行くことはできません。石材業者などが土地を購入し、許可を取り、更に輸送や加工費用が加わって、初めて石の値段が分かります。

　庭に敷き詰めるための細かい石なら、1キログラムあたり数百円程度のものも多いですが、高価なのは、ある程度の大きさを持つ石です。子どもの背丈ほどの石でも、3万円程度から高いものだと10万円を超えるものも珍しくありませんし、景石に使うような巨大なものだと、それ1つで100万円を超えます。

⑹　石灯籠等

①　石灯籠

　石灯籠は、寺院、庭園など屋外にたてられる石造物で、庭園においては、庭全体の風景のひきしめ役や空白のうめ役としての機能があります。

　石灯籠の石質は、硬石（こうせき）であると長期間保存できますが、軟石（なんせき）のものは風化やコケの付着により硬石に比べて破損や変形しやすく、石灯籠には、硬石がよいとされています。

　石灯籠に使用するのは花崗岩がもっとも多く、次いでは、加工が容易な砂岩、クロボクなどです。

　花崗岩には本御影、三州御影、稲田御影、庵治（あじ）石などがあります。

　砂岩を使用したものには、出雲灯籠、八女（やめ）灯籠などがあり、またクロボクを使用したものに山灯籠があります。

　石灯籠の基本形は、基壇、基礎、竿、中台、火袋、笠、宝珠などからなり、笠の勾配はゆるやかなほど古い年代の作品とされています。

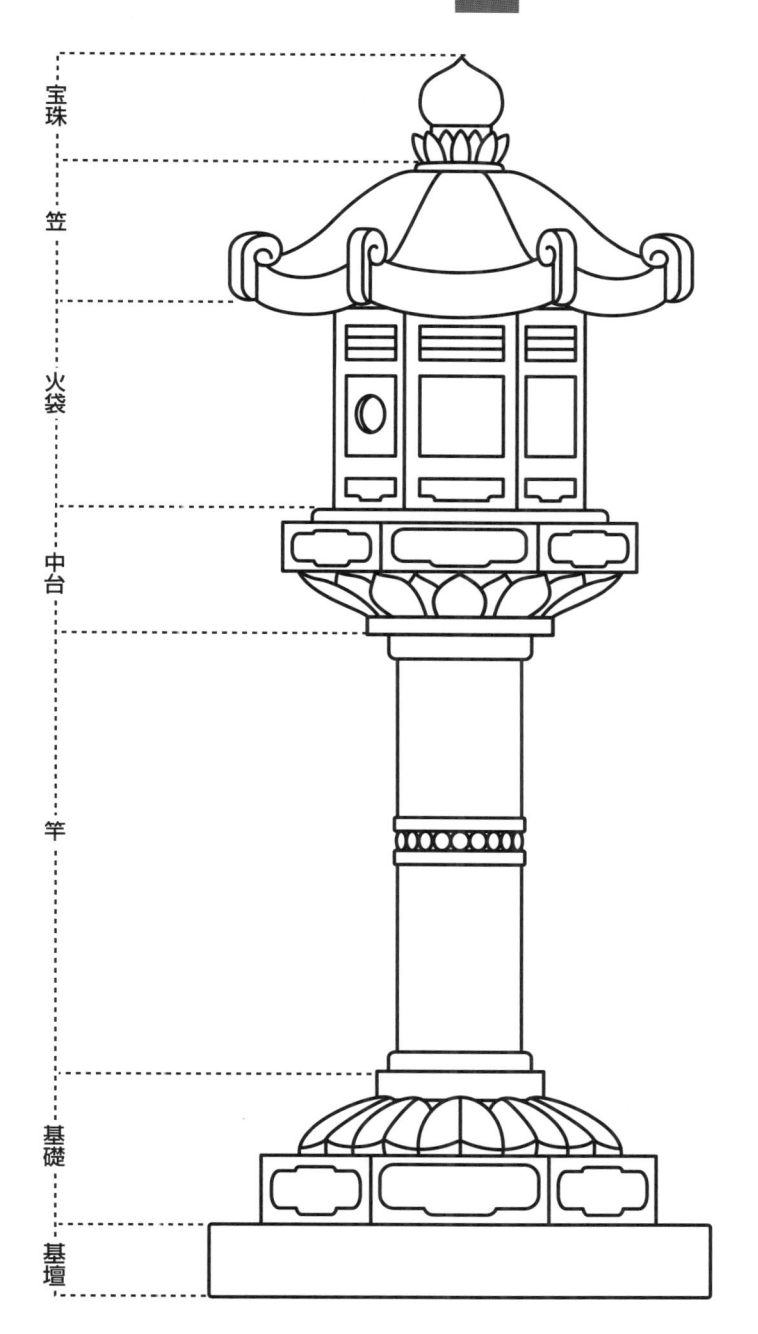

宝珠

笠

火袋

中台

竿

基礎

基壇

標準型	基本形各部が備わっているもの	春日形、当麻寺形、宮立形
変形、省略型	基本形の一部が省略されているもの	利休形、雪見形、織部形、草屋形、水蛍形、玉手形など
特殊型	異型、変態型のもの	道識形、袖形、遠州形、琴柱形など

■ 著者撮影の石灯籠（右下は石仏）

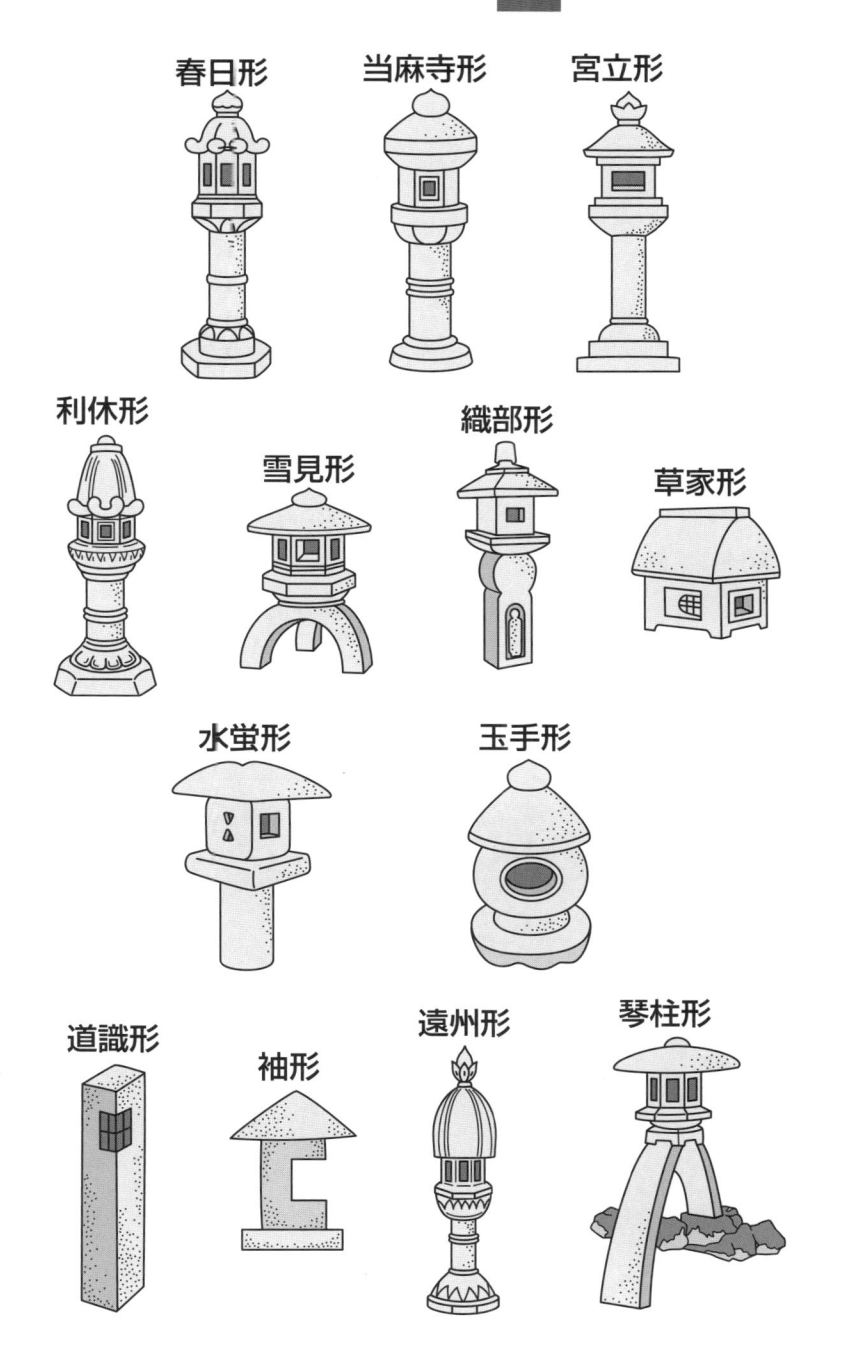

春日形　当麻寺形　宮立形

利休形　雪見形　織部形　草家形

水蛍形　玉手形

道識形　袖形　遠州形　琴柱形

② 石塔類

　石塔類は、石材建造物で、石塔のほか、石鳥居、石仏、石橋などがあります。

　石塔は大別して重塔、層塔、宝塔に分けられます。

重　塔	木造の五重塔、三重塔をまねたもの 二重塔、三重塔、五重塔、七重塔、十三重塔
層　塔	最下部の基礎の上に塔身が乗り、その上に奇数の笠が軸部と交互に重なったもの笠の数により、三層塔、五層塔、七層塔、九層塔、十一層塔、十三層塔、十五層塔などがある。
宝　塔	多宝塔、宝篋印塔、五輪塔などがある。 一重のものを宝塔、二重以上を多宝塔と分ける場合もある。

③　石灯籠等の価格

　石灯籠等の価格は、一般的には、その石質、種類、彫刻の難易、大きさ（高さ）等によって決められますが、その造られた時代が古いほど高価です。また、灯籠等の一部にキズがあれば価格は半減します。

　なお、石灯籠は、愛知県岡崎（三州石）と香川県庵治（庵治石《あじいし》）が、おもな産地です。

　灯籠のうち、春日型と同じで中台に十二支の彫刻がある奥の院形が最高価格です。

■ 石灯籠の参考価格

　上の写真は、堺市西区の日部神社本殿前石灯籠（レプリカ）です。

　竿（さお）に刻まれている銘文から、この石燈籠が正平24年（1369）南北朝時代に作られたことが分かり、制作年代の判明する工芸的に優れた石燈籠として大変貴重な作品で大正6年4月5日に重要文化財に指定されました。

　本物は収蔵庫に保管され、最近レプリカが製作され元の位置に置かれています。

　なお、レプリカ製作費用は約300万円とのヒアリング結果です。

⑺ 手水鉢

　手水鉢は、その用いる場所と形によって、つくばい手水鉢と縁先手水鉢とに区分されます。

　つくばい手水鉢は、手水鉢を主体に、前石、湯桶石、手燭石で囲んだ窪地底（鉢前）を円形に漆喰叩きにして中央に排水孔が設けられています。

　縁先手水鉢は書院の縁先、濡縁などに接して設けられるもので、つくばい手水鉢を少し高くした構えをもっています。構成には、手水鉢を主体に蟄石、水揚石、水汲石、清浄石でつくられており、すまいと庭とのつながりの役割をはたしています。

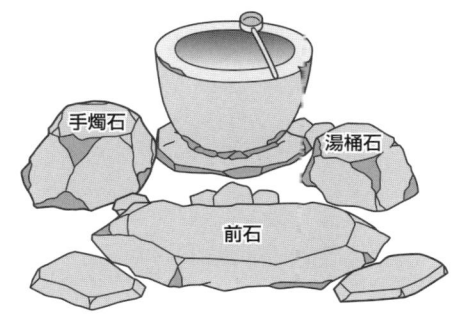 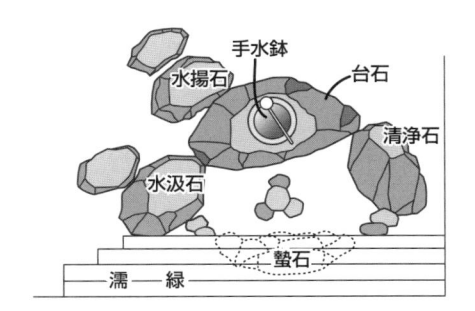

⑻ 沓脱石、踏石

　沓脱石も踏石も、ともに飛石の起点となる石で、書院住宅の縁下におかれるものを沓脱石といい、茶室のにじり口（出入口）前におかれるものを踏石といって区別しています。

　沓脱石には、天端（上面）の平らかなもので、やや細長い石が用いられ、石質は、鞍馬石、新鞍馬石、筑波石、伊勢石、生駒石などの自然石又は御影石の切石を用いることが多いようです。

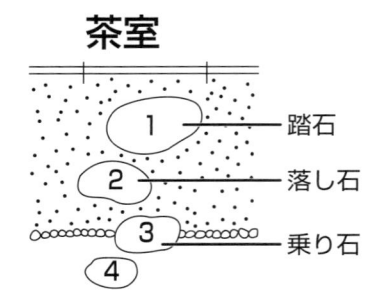

(9) 庭　橋

　庭橋は材料により、コンクリート橋、煉瓦橋、石橋、土橋、木橋などがありますが、日本庭園でみられる庭橋は石橋、土橋、木橋が多く見受けられます。石橋は水上や滝口付近、とくに添景として眺められる位置に架けられていますが、土橋、木橋は木立の深い所に架けられ、実用を主体としています。

　石橋の石材としては、御影石のほか、阿波産や紀州産の青石などが用いられます。

16 債権債務等の調査

　債権の調査は、名義変更した財産や被相続人が生前に引き出した資金が、贈与なのか貸付金なのか等を確認するために行われます。

　債務の調査は、相続税申告書に記載された債務が、実在する債務なのか、保証債務ではないか等について確認するために行われます。

　葬式費用の調査は、相続税申告書に記載された葬式費用が、相続税の計算上控除ができるものかどうかを確認するために行われます。

(1) 債権の調査

　被相続人が生前に個人や法人へ資金を貸し付けていた場合、その金額が相続財産となります。また、例えば、譲渡代金が未収である場合、その金額が相続財産となります。

　債権の調査において問題となるのは、相続人、孫等が、生前に被相続人より財産の贈与を受けたとしているにもかかわらず、裏付けの一つである贈与税の申告と納税がない場合です。

　年間110万円の贈与税の基礎控除内の贈与であれば問題ないのですが、それを超える多額の財産が贈与税の申告や納税なしに相続人等に移転しているケースは、相続税調査により贈与事実の有無を確認されることになります。

　このようなケースでは、調査官は次表のような事実を逐一確認し、生前の贈与事実の有無を判断していきます。

　次の①から③の事実が積み上がると、債権を受贈したと主張しても根拠が弱いということになります。

■ **債権受贈の確認調査において受贈を否認される理由**

> ① 財産を被相続人が管理している場合（例えば、届出印が被相続人と同一等）
>
> ② 債権から得られる果実（利息、配当、地代家賃等）を被相続人が受領している場合
>
> ③ 贈与に事実を裏付ける申告と納税がない場合

(2) 債務の調査

　相続税の計算上控除できる債務は確実と認められるものに限られ、債務が確定していない保証債務等は原則として控除できません。また、連帯債務は連帯債務者間で按分して控除します。

　債務の調査は、架空債務ではないのか、保証債務ではないのか、連帯債務で債務総額

を連帯債務者全員で按分すべきものではないのか等を確認します。

　債権者が金融機関であれば照会及び借入金残高証明書等により確認し、そうでない場合には、金銭消費貸借契約証書等の証拠書類により、借入年月日、借入金額、借入期間、借入理由、借入資金の入金口座・入金日、借入元利金の返済状況、担保状況、相続開始時の借入残高等の確認をします。

　借入金を反映する反対資産として、借入金により取得した不動産、株式、預貯金等の申告漏れ財産がないか確認します。

(3)　葬式費用の調査

　葬式費用の調査は、領収書等の内容により、相続税の計算上控除できるものかどうかを確認します。

　葬式費用の原資が相続財産から支払われている場合には、その支出金額が相続財産として申告されているかどうかの調査も行われます。

　相続税の計算上控除できる葬式費用は、出棺・埋葬・火葬・納骨費用、遺骸・遺骨の会葬費、通夜費用（飲食代を含む）、葬儀・告別式の費用、祭儀会場借上費用、読経料、お布施、戒名料などです。葬式費用のなかには僧侶への布施など領収書が発行されていないもの、もらえないものがありますが、常識の範囲内であれば認められますので、メモ等を残しておく必要があります。

　香典返し、初七日・四十九日等の法会の費用、墓碑・仏壇の購入費などは控除できません。

　相続を放棄した者及び相続権を失った者が現実に葬式費用を支払った場合には、その者が遺贈により取得した財産の価額から債務控除することができます。

　また、相続又は遺贈により国内にある財産を取得した個人で、その財産を取得した時において日本に住所を有しない者のうち非居住無制限納税義務者（注）を除く者は、葬式費用を控除できません。

(注) 非居住無制限納税義務者とは、相続又は遺贈により財産を取得した次に掲げる者で、その財産の取得時に日本国内に住所を有しないものをいいます。

　イ　日本国籍を有する個人であって、「その相続又は遺贈に係る相続の開始前10年以内のいずれかの時において日本国内に住所を有していたことがあるもの」又は「その相続又は遺贈に係る相続の開始前10年以内のいずれの時においても日本国内に住所を有していたことがないもの（被相続人が一時居住被相続人又に非居住被相続人である場合を除きます）」

　ロ　日本国籍を有しない個人（被相続人が一時居住被相続人、非居住被相続人又は非居住外国人である場合を除きます）

17 質問応答記録書の作成

(1) 作成目的

　質問応答記録書は、調査官が納税義務者等に対し質問し、それに対し納税義務者等から回答を受けた事項のうち、課税要件の充足性を確認する上で重要と認められる事項について、その事実関係の正確性を期するため、その要旨を調査官と納税義務者等の質問応答形式等で作成する文書です。

　また、質問応答記録書は、調査官が納税義務者等の理解と協力を得て行う調査の一環として作成するものですので、納税義務者等に対し署名押印を求めるに当たり、強要してはならないものであるとされています。

　なお、質問応答記録書が作成された後、調査官は、納税義務者等から回答を受けた事項を納税義務者等に読み上げるなどにより、その記載内容に誤りがないことを確認することになっています。

　更に、必ずしも質問応答記録書を作成する必要がないと判断された場合や質問応答記録書を作成することが困難な場合には、応答形式に替えて納税義務者等から回答を受けた事項等の要旨を記録する場合もあります。

　なお、質問応答記録書は、課税処分のみならす、不服申立て等においても証拠資料として用いられる場合があります。

(2) 作成時に質問される事項

　質問の原則は、回答者の話の要点をまとめ、かつ、作成内容を明瞭にするため、次の9項目を念頭において具体的な質問が行われます。

① 　いつ（日時）
② 　どこで（場所）
③ 　誰が（主体）
④ 　誰と（共同行為者）
⑤ 　誰に対し（相手方、客体）
⑥ 　なぜ（原因、動機）
⑦ 　どのように（方法）
⑧ 　何をしたか（行為）
⑨ 　その結果はどうなったか（結果）

また、質問の回答者が行った行為については、単に回答者の行為のみを聴取するので

はなく、その行為に至った背景、理由、動機及びその後の状況を、記憶の正確性や事実に関する証拠（特に日付や金額等）と併せて具体的に聴取され記録されます。

(3) 署名を拒否した場合の取扱い

回答者が質問応答記録書に署名押印を拒否することは、それが本人の意思であれば可能です。

しかし、回答者が署名や押印を拒否した場合、調査官は、例えば、「回答者が内容は間違いありませんと述べているが、親戚から押印するなと言われているので署名押印しないと意思表示しており、署名押印を拒否した。」などと質問応答記録書に記載することになります。

したがって、回答者の署名押印がないからといって質問応答記録書が作成されないということにはなりません。

■ 質問応答記録書の作成例【相続税調査（預金口座の原資確認等）の例】

（注）本書の応答内容は事実に基づく事例ではありません。

質問応答記録書

回答者	住　　　　　所	○○府○○市○○町123-45
	氏　　　　　名	山本　花子
	生年月日、年齢	昭和20年12月30日生まれ、73歳

本職は、令和 ○ 年 ○ 月 ○ 日、○○府○○市○○町123-45の山本花子宅において、上記の回答者から、任意に次のとおり回答を得た。

質　問　応　答　の　要　旨

問1	これからA銀行B支店の普通預金のことなどについて質問しますので、本当のことを聞かせてください。
答1	はい。
問2	あなたの住所、氏名、生年月日及び年齢を聞かせてください。
答2	○○府○○市○○町123-45に住んでおります山本花子です。 昭和20年12月30日生まれで、現在、73歳です。
問3	あなたの職歴と現在の職業を聞かせてください。
答3	私は、高校卒業後、しばらくは会社勤めをしておりましたが、27歳で主人と結婚し、以後専業主婦をしております。
問4	あなたと平成30年2月10日に亡くなられた○○府○○市○○町123-45の山本太郎さんのご関係について聞かせてください。
答4	山本太郎は、私の夫です。 夫とは、昭和48年に結婚し、娘（45歳）一人いますが、今は、他県に嫁いでおります。
問5	山本太郎さんのご職業について、教えてください。
答5	夫は、30歳の時に建築関係の会社を立ち上げ、その後、一代で現在の規模にまで築き上げました。亡くなった時には、関連会社2社を含め手広く事業を行う傍ら、○○市内に賃貸マンション2棟を持ち、かなりの収入がありました。

確認印
印

問6	A銀行B支店にあなた名義の預金があることは、ご存じですか。
	この時、本職はA銀行B支店に開設された山本花子名義の普通預金通帳（口座番号＊＊＊＊＊＊＊）一冊を回答者に示し、その写しを資料1として本書末尾に添付した。
答6	はい。
問7	この普通預金を開設した時のいきさつを教えてください。
答7	A銀行B支店の普通預金は、平成25年頃に私が夫の指示により、C銀行D支店にあった夫名義の普通預金から1,000万円を引き出し、そのお金で作りました。
	当時、夫は人間ドックで肺がんにかかっていることが分かり、手術を受けたのですが、本人はあと何年生きられるかわからないと、家族のこと、会社の行く末を心配しておりました。
	それから後も、私は、夫の指示により3、4回同様に預金を引き出し、A銀行B支店の普通預金に移し替えました。
問8	あなたは、ご主人になぜ預金を移すのか理由をきかなかったのですか。
答8	はい、夫は特に理由を言わなかったですし、私も、いつも夫の指示どおりするのが習慣でしたので、それ以上は尋ねませんでした。
問9	普通預金の開設に使用した印鑑はあなたのものですか。
答9	いいえ、印鑑は口座を開設するよう指示を受けたときに、夫から預かったもので、預金を移した後は夫に返しました。
問10	A銀行B支店の普通預金をあなたご自身が出金したことはありましたか。
答10	いいえ、私は、夫が印鑑をどこにしまっているか知りませんし、そのようなことはありませんでした。
問11	A銀行B支店の普通預金についてキャッシュカードは作っていましたか。
答11	いいえ、キャッシュカードは作っていません。
問12	以上で質問を終えますが、何か訂正したい又は付け加えたいことはありますか。
答12	ありません。
	（回答者）　　山本花子　　㊞
	以上のとおり、質問応答の要旨を記録して、回答者に読み上げ、かつ閲読させたところ、回答者は誤りのないことを確認し、署名、押印した上、各頁に押印した。

確認印

㊞

令和〇年〇月〇日

（質問者）　●●税務署　財務事務官　■■　■■　㊞

（記録者）　●●税務署　財務事務官　▲▲　▲▲　㊞

㊞

確認印
㊞

18 調査終了手続

相続税調査が終了した際に、税務署が納税義務者に対して行う手続は、次のとおりです。

> ① 相続税の申告内容に誤りがない場合
>
> 　納税義務者に対し更正又は決定をすべきと認められない旨の通知が行われます。
>
> ② 申告内容に誤りがある場合
>
> 　調査結果の説明と修正申告等の勧奨が行われ、納税義務者が修正申告に応じない場合には更正又は決定の処分が行われます。

　税務署等の説明責任を強化する観点から、平成23年度税制改正により調査官による調査終了時の手続が次のとおり整備され、平成25年1月1日以後に新たに納税義務者に対して開始する調査より適用されています。

(1) 申告内容に誤りが認められない場合

　相続税調査の結果、申告内容に誤りが認められない場合や、申告義務がないと認められる場合などには、税務署長等は納税義務者に対し、その旨を書面（「更正決定等をすべきと認められない旨の通知書」）により通知します。

(2) 申告内容に誤りが認められる場合

① 調査結果の説明

　相続税調査において、申告内容に誤りが認められた場合や、申告する義務がありながら申告していなかったことが判明した場合には、税務署長は納税義務者に対し、誤りの内容、金額、理由など調査結果の内容を説明します。また、調査官は納税義務者に対し納付すべき税額及び加算税のほか納付すべき税額によっては延滞税が生じることを説明するとともに、この調査結果の内容の説明と後掲②の修正申告等の勧奨等をもって原則として一連の調査手続が終了する旨を説明することとされています（後掲の事務運営指針第2章4（2））。

② 修正申告等の勧奨等

　①の説明において、調査官は原則として納税義務者に対し修正申告や期限後申告（以下「修正申告等」といいます。）を勧奨します。この勧奨の際、調査官は納税義務者に対し「修正申告等をした場合にはその修正申告等に係る異議申立てや審査請求はできな

いが、更正の請求はできる」ことを説明し、その旨を記載した書面（以下「教示文」といいます。）を交付することとされています。

③ 修正申告等の勧奨に応じない場合

納税義務者が前述②の修正申告等の勧奨に応じない場合は、調査結果の内容に基づき、税務署長が更正又は決定の処分を行います。この場合、更正又は決定に係る通知書には、行政手続法第14条の規定に基づき処分の理由が記載されます。

(3) 税務代理人である税理士への調査結果の説明等

前記(1)の場合は、更正決定等をすべきと認められない旨の書面の通知、前記(2)の場合は、調査結果の内容の説明、修正申告等の勧奨、修正申告等の法的効果の説明（教示）及び教示文の交付（以下「通知等」という）を、調査官から納税義務者に対して行うのが原則です。ただし、納税義務者の同意がある場合には、納税義務者に代えて、税務代理人に対して通知等を行うことができるとされています。この場合における納税義務者の同意の有無の確認の方法は、次の①又は②のいずれかの方法となります（後掲「事務運営指針」第2章4（5））

① 電話又は臨場により納税義務者に直接同意の意思を確認する方法
② 税務代理人から納税義務者の同意を得ている旨の申出があった場合は、納税義務者全員分の同意の事実が確認できる書面を提出させ確認する方法

(4) 留意点

申告の内容に誤りがあるとして、調査結果の説明をし、納税義務者に修正申告の勧奨をしたにもかかわらず、その勧奨に応じない場合、調査官は更正等の手続を粛々と進めていきます。

調査結果の説明前には、税務署内で更正等を念頭に置いた検討が完了しているはずなので、この説明等があった後は、新たな事実が発見されたことによる再調査が行われない限り、納税義務者及び税務代理人は調査官との協議ができなくなる場合もあり得ます。

税務代理人である税理士の相続税調査の対応においては、調査がある程度進展した時点で、調査官の主張が前述(2)の①の「調査結果の説明」に該当するか否か、あるいはどのタイミングで「調査結果の説明」が行われるかを、調査官に確認することが不可欠といえます。

■ 調査手続の実施に当たっての基本的な考え方等について（事務運営指針）

課総 5 -11

課個 7 - 4

課資 5 -61

課法 4 -48

課酒 1 -62

課消 4 -26

課審 1 -43

官総 9 - 7

官税127

査調 2 -69

平成24年 9 月12日

改正　平成26年 4 月 3 日

改正　平成27年 4 月15日

改正　平成28年12月12日

改正　平成29年 3 月30日

各国税局長　殿

沖縄国税事務所長　殿

国税庁長官

調査手続の実施に当たっての基本的な考え方等について（事務運営指針）

標題のことについては、別冊のとおり定めたから、平成25年 1 月 1 日以後は、これにより適切な運営を図られたい。

（趣旨）

経済社会の構造の変化に対応した税制の構築を図るための所得税法等の一部を改正する法律（平成23年法律第114号）の公布（平成23年12月 2 日）により、国税通則法（昭和37年法律第66号）の一部が改正され、国税の調査に関する規定（第 7 章の 2 ）が新設された。

これに伴い、法令を遵守した適正な調査の遂行を図るため、調査手続の実施に当たっての基本的な考え方等を定めるものである。

［別冊］調査手続の実施に当たっての基本的な考え方等について

第1章　基本的な考え方

　調査手続については、平成23年12月に国税通則法（以下「法」という。）の一部が改正され、手続の透明性及び納税者の予見可能性を高め、調査に当たって納税者の協力を促すことで、より円滑かつ効果的な調査の実施と申告納税制度の一層の充実・発展に資する観点及び課税庁の納税者に対する説明責任を強化する観点から、従来の運用上の取扱いが法令上明確化されたところである。

　調査の実施に当たっては、今般の法改正の趣旨を踏まえ、「納税者の自発的な納税義務の履行を適正かつ円滑に実現する」との国税庁の使命を適切に実施する観点から、調査がその公益的必要性と納税者の私的利益との衡量において社会通念上相当と認められる範囲内で、納税者の理解と協力を得て行うものであることを十分認識した上で、法令に定められた調査手続を遵守し、適正かつ公平な課税の実現を図るよう努める。

第2章　基本的な事務手続及び留意事項

1　調査と行政指導の区分の明示

　納税義務者等に対し調査又は行政指導に当たる行為を行う際は、対面、電話、書面等の態様を問わず、いずれの事務として行うかを明示した上で、それぞれの行為を法令等に基づき適正に行う。

（注）

　1　調査とは、国税（法第74条の2から法第74条の6までに掲げる税目に限る。）に関する法律の規定に基づき、特定の納税義務者の課税標準等又は税額等を認定する目的その他国税に関する法律に基づく処分を行う目的で当該職員が行う一連の行為（証拠資料の収集、要件事実の認定、法令の解釈適用など）をいうことに留意する（「手続通達」（平成24年9月12日付課総5-9ほか9課共同「国税通則法第7章の2（国税の調査）関係通達」（法令解釈通達）をいう。以下同じ。）1-1）。

　2　当該職員が行う行為であって、特定の納税義務者の課税標準等又は税額等を認定する目的で行う行為に至らないものは、調査には該当しないことに留意する（手続通達1-2）。

2 事前通知に関する手続

(1) 事前通知の実施

　納税義務者に対し実地の調査を行う場合には、原則として、調査の対象となる納税義務者及び税務代理人の双方に対し、調査開始日前までに相当の時間的余裕をおいて、電話等により、法第74条の9第1項に基づき、実地の調査において質問検査等を行う旨、並びに同項各号及び国税通則法施行令第30条の4に規定する事項を事前通知する。

　この場合、事前通知に先立って、納税義務者及び税務代理人の都合を聴取し、必要に応じて調査日程を調整の上、事前通知すべき調査開始日時を決定することに留意する。

　なお、納税義務者に対して都合を聴取する際は、法第65条第5項に規定する調査通知を併せて行う。

　おって、調査通知及び事前通知の実施に当たっては、通知事項が正確に伝わるよう分かりやすく丁寧な通知を行うよう努める。

(注)

　1　納税義務者に税務代理人がある場合において、当該税務代理人が提出した税務代理権限証書に、当該納税義務者への事前通知は当該税務代理人に対して行われることについて同意する旨の記載があるときは、当該納税義務者への都合の聴取、調査通知及び事前通知は、当該税務代理人に対して行えば足りることに留意する。

　2　納税義務者に税務代理人が数人ある場合において、これらの税務代理人が提出した税務代理権限証書において、代表する税務代理人の定めがあるときは、これらの税務代理人への事前通知は、当該代表する税務代理人に対して行えば足りるが、当該代表する税務代理人以外のこれらの税務代理人（以下「他の税務代理人」という。）への事前通知は行われないため、他の税務代理人へ通知事項を伝えるよう当該代表する税務代理人に連絡することに留意する。

　3　納税義務者に対して事前通知を行う場合であっても、納税義務者から、事前通知の詳細は税務代理人を通じて通知して差し支えない旨の申立てがあったときは、納税義務者には調査通知のみを行い、その他の事前通知事項は税務代理人を通じて通知することとして差し支えないことに留意する（手続通達7‐1）。

(2) 調査開始日時等の変更の求めがあった場合の手続

　事前通知を行った後、納税義務者から、調査開始日前に、合理的な理由を付し

て事前通知した調査開始日時又は調査開始場所の変更の求めがあった場合には、個々の事案における事実関係に即して、納税義務者の私的利益と実地の調査の適正かつ円滑な実施の必要性という行政目的とを比較衡量の上、変更の適否を適切に判断する（手続通達4-6）。

（注）税務代理人の事情により、調査開始日時又は調査開始場所を変更する求めがあった場合についても同様に取り扱うことに留意する（手続通達7-2）。

(3) 事前通知を行わない場合の手続

実地の調査を行う場合において、納税義務者の申告若しくは過去の調査結果の内容又はその営む事業内容に関する情報その他国税庁、国税局又は税務署がその時点で保有する情報に鑑み、

① 違法又は不当な行為を容易にし、正確な課税標準等又は税額等の把握を困難にするおそれ

② その他国税に関する調査の適正な遂行に支障を及ぼすおそれ

があると認める場合には、事前通知を行わないものとする。

この場合、事前通知を行わないことについては、法令及び手続通達に基づき、個々の事案の事実関係に即してその適法性を適切に判断する（手続通達4-7、4-8、4-9、4-10)。

（注）

1　複数の納税義務者に対して同時に調査を行う場合においても、事前通知を行わないことについては、個々の納税義務者ごとに判断することに留意する。

2　事前通知を行うことなく実地の調査を実施する場合であっても、調査の対象となる納税義務者に対し、臨場後速やかに、「調査を行う旨」、「調査の目的」、「調査の対象となる税目」、「調査の対象となる期間」、「調査の対象となる帳簿書類その他の物件」、「調査対象者の氏名又は名称及び住所又は居所」、「調査担当者の氏名及び所属官署」を通知するとともに、それらの事項（調査の目的、調査の対象となる税目、調査の対象となる期間等）以外の事項についても、調査の途中で非違が疑われることとなった場合には、質問検査等の対象となる旨を説明し、納税義務者の理解と協力を得て調査を開始することに留意する。

なお、税務代理人がある場合は、当該税務代理人に対しても、臨場後速やかにこれらの事項を通知することに留意する。

3 調査時における手続

(1) 身分証明書等の携帯等

　　実地の調査を実施する場合には、身分証明書（国税職務証票の交付を受けている場合は国税職務証票）及び質問検査章を必ず携帯し、質問検査等の相手方となる者に提示して調査のために往訪した旨を明らかにした上で、調査に対する理解と協力を得て質問検査等を行う。

　(注) 行政指導の目的で納税義務者の事業所等に往訪する場合であっても身分証明書（国税職務証票の交付を受けている場合は国税職務証票）を携帯・提示し、行政指導で往訪した旨を明らかにすることは必要であることに留意する。

(2) 通知事項以外の事項についての調査

　　納税義務者に対する実地の調査において、納税義務者に対し、通知した事項（上記2(3)注2に規定する場合における通知事項を含む。）以外の事項について非違が疑われた場合には、納税義務者に対し調査対象に追加する税目、期間等を説明し理解と協力を得た上で、調査対象に追加する事項についての質問検査等を行う。

(3) 質問検査等の相手方となる者の代理人等への質問検査等

　　調査について必要がある場合において、質問検査等の相手方となる者の代理人、使用人その他の従業者に対し質問検査等を行う場合には、原則として、あらかじめ当該質問検査等の相手方となる者の理解と協力を得る。

(4) 帳簿書類その他の物件の提示・提出の求め

　　調査について必要がある場合において、質問検査等の相手方となる者に対し、帳簿書類その他の物件（その写しを含む。）の提示・提出を求めるときは、質問検査等の相手方となる者の理解と協力の下、その承諾を得て行う。

　(注) 質問検査等の相手方となる者について、職務上の秘密についての守秘義務に係る規定（例：医師等の守秘義務）や調査等に当たり留意すべき事項に係る規定（例：宗教法人法第84条）が法令で定められている場合においては、質問検査等を行うに当たっては、それらの定めにも十分留意する。

(5) 提出を受けた帳簿書類等の留置き

　　提出を受けた帳簿書類等の留置きは、

　① 質問検査等の相手方となる者の事務所等で調査を行うスペースがなく調査を効率的に行うことができない場合

　② 帳簿書類等の写しの作成が必要であるが調査先にコピー機がない場合

③　相当分量の帳簿書類等を検査する必要があるが、必ずしも質問検査等の相手方となる者の事業所等において当該相手方となる者に相応の負担をかけて説明等を求めなくとも、税務署や国税局内において当該帳簿書類等に基づく一定の検査が可能であり、質問検査等の相手方となる者の負担や迅速な調査の実施の観点から合理的であると認められる場合

など、やむを得ず留め置く必要がある場合や、質問検査等の相手方となる者の負担軽減の観点から留置きが合理的と認められる場合に、留め置く必要性を説明し、帳簿書類等を提出した者の理解と協力の下、その承諾を得て実施する。

　なお、帳簿書類等を留め置く際は、別途定める書面（以下「預り証」という。）に当該帳簿書類等の名称など必要事項を記載した上で帳簿書類等を提出した者に交付する。

　また、留め置いた帳簿書類等については、善良な管理者の注意をもって文書及び個人情報の散逸、漏洩等の防止にも配意して管理する。

　おって、留め置く必要がなくなったときには、遅滞なく、交付した「預り証」と引換えに留め置いた帳簿書類等を返還する。

（注）

　1　帳簿書類等を提出した者から留め置いた帳簿書類等の返還の求めがあったときは、特段の支障がない限り速やかに返還することに留意する。

　　　引き続き留め置く必要があり、返還の求めに応じることができない場合には、その旨及び理由を説明するとともに、不服申立てに係る教示を行う必要があるので留意する。

　2　「預り証」は、国税に関する法律の規定に基づき交付する書面であることから、「預り証」を交付する際は、帳簿書類等を提出した者に対し交付送達の手続としての署名・押印を求めることに留意する。

　3　「預り証」と引換えに留め置いた帳簿書類等を返還する際は、帳簿書類等を返還した事実を記録にとどめるため、「預り証」に返還を受けた旨の記載及び帳簿書類等を提出した者の署名・押印を求めることに留意する。

　　　この場合において、帳簿書類等を提出した者から返還を要しない旨の申出があった場合には、返還を受けた旨の記載に代えて返還を要しない旨の記載を求めることに留意する。

(6)　反面調査の実施

　取引先等に対する反面調査の実施に当たっては、その必要性と反面調査先への

事前連絡の適否を十分検討する。

（注）反面調査の実施に当たっては、反面調査である旨を取引先等に明示した上で実施することに留意する。

(7) 証拠の収集・保全と的確な事実認定

　調査の過程において、申告内容等に関して非違が疑われる事項を把握した場合には、納税義務者及び税務代理人にその事項について十分な説明を求め、その意見又は主張を十分聴取した上で、納税義務者及び税務代理人の説明内容等を整理し、必要な証拠の収集・保全を行った上で的確な事実認定を行い、法第74条の11第2項に基づく調査結果の内容の説明の対象となる更正決定等をすべきと認められる非違であるか否かについて適切に判断する。

4　調査終了の際の手続

(1) 更正決定等をすべきと認められない旨の通知

　実地の調査の結果、更正決定等をすべきと認められないと判断される税目、課税期間がある場合には、法第74条の11第1項に基づき、質問検査等の相手方となった納税義務者に対して、当該税目、課税期間について更正決定等をすべきと認められない旨の通知を書面により行う。

（注）実地の調査以外の調査において納税義務者に対し質問検査等を行い、その結果、調査の対象となった全ての税目、課税期間について更正決定等をすべきと認められない場合には、更正決定等をすべきと認められない旨の通知は行わないが、調査が終了した際には、調査が終了した旨を口頭により当該納税義務者に連絡することに留意する。

(2) 調査結果の内容の説明等

　調査の結果、更正決定等をすべきと認められる非違がある場合には、法第74条の11第2項に基づき、納税義務者に対し、当該非違の内容等（税目、課税期間、更正決定等をすべきと認める金額、その理由等）について原則として口頭により説明する。

　その際には、必要に応じ、非違の項目や金額を整理した資料など参考となる資料を示すなどして、納税義務者の理解が得られるよう十分な説明を行うとともに、納税義務者から質問等があった場合には分かりやすく回答するよう努める。また、併せて、納付すべき税額及び加算税のほか、納付すべき税額によっては延滞税が生じることを説明するとともに、当該調査結果の内容の説明等（下記(3)に規定す

る修正申告等の勧奨を行う場合は、修正申告等の勧奨及び修正申告等の法的効果の教示を含む。）をもって原則として一連の調査手続が終了する旨を説明する。

（注）電話又は書面による調査（実地の調査以外の調査）を行った結果については、更正決定等をすべきと認められる非違事項が少なく、非違の内容等を記載した書面を送付することにより、その内容について納税義務者の理解が十分に得られると認められるような簡易なものである場合には、口頭による説明に代えて書面による調査結果の内容の説明を行って差し支えないことに留意する。

なお、その場合であっても、納税義務者から調査結果の内容について質問があった場合には、分かりやすく回答を行うことに留意する。

(3) 修正申告等の勧奨

納税義務者に対し、更正決定等をすべきと認められる非違の内容を説明した場合には、原則として修正申告又は期限後申告（以下「修正申告等」という。）を勧奨することとする。

なお、修正申告等を勧奨する場合には、当該調査の結果について修正申告書又は期限後申告書（以下「修正申告書等」という。）を提出した場合には不服申立てをすることはできないが更正の請求をすることはできる旨を確実に説明（以下「修正申告等の法的効果の教示」という。）するとともに、その旨を記載した書面（以下「教示文」という。）を交付する。

（注）

1　教示文は、国税に関する法律の規定に基づき交付する書面であることから、教示文を対面で交付する場合は、納税義務者に対し交付送達の手続としての署名・押印を求めることに留意する。

2　書面を送付することにより調査結果の内容の説明を行う場合に、書面により修正申告等を勧奨するときは、教示文を同封することに留意する。

なお、この場合、交付送達に該当しないことから、教示文の受領に関して納税義務者に署名・押印を求める必要はないことに留意する。

(4) 調査結果の内容の説明後の調査の再開及び再度の説明

上記(2)の調査結果の内容の説明を行った後、当該調査について、納税義務者から修正申告書等の提出若しくは源泉徴収に係る所得税の納付がなされるまでの間又は更正決定等を行うまでの間において、当該調査結果の内容の説明の前提となった事実が異なることが明らかとなり当該調査結果の内容の説明の根拠が失われ

た場合など、当該調査結果の内容の説明に係る内容の全部又は一部を修正する必要があると認められた場合には、必要に応じ調査を再開した上で、その結果に基づき、再度、調査結果の内容の説明を行う（手続通達5-4）。

なお、調査結果の内容の説明の根拠が失われた場合とは、納税義務者から新たな証拠の提示等があり、当該調査結果の内容の説明の前提となる事実関係に相違が生じるような場合をいう。

(5) 税務代理人がある場合の調査結果の内容の説明等

実地の調査における更正決定等をすべきと認められない旨の書面の通知、調査結果の内容の説明、修正申告等の勧奨、修正申告等の法的効果の教示及び教示文の交付（以下「通知等」という。）については、原則として納税義務者に対して行うのであるが、納税義務者の同意がある場合には、納税義務者に代えて、税務代理人に対して当該通知等を行うことができる。

なお、この場合における納税義務者の同意の有無の確認は、

① 電話又は臨場により納税義務者に直接同意の意思を確認する方法、又は、

② 税務代理人から納税義務者の同意を得ている旨の申出があった場合には、同意の事実が確認できる書面の提出を求める方法

のいずれかにより行う。

(注) 実地の調査以外の調査についても、実地の調査の場合に準じて、納税義務者に代えて、税務代理人に対して調査結果の内容の説明、修正申告等の勧奨、修正申告等の法的効果の教示及び教示文の交付を行うことができることに留意する。

ただし、実地の調査以外の調査において、上記①又は②により納税義務者の同意の意思を確認することが難しい場合には、税務代理人から調査結果の内容の説明を受けることについて委嘱されている旨の申立てがあることをもって、納税義務者に代えて税務代理人に対して調査結果の内容の説明等を行うことができることに留意する（手続通達7-3）。

(6) 再調査の判定

更正決定等をすべきと認められない旨の通知をした後又は調査（実地の調査に限る。）の結果につき納税義務者から修正申告書等の提出若しくは源泉徴収に係る所得税の納付があった後若しくは更正決定等をした後に、当該調査の対象となった税目、課税期間について質問検査等を行う場合には、新たに得られた情報に照らして非違があると認める場合に該当するか否かについて、法令及び手続通達

に基づき、個々の事案の事実関係に即してその適法性を適切に判断する（手続通達5-7、5-8、5-9）。

(7) その他

調査において、今後の申告や帳簿書類の備付け、記録及び保存などに関して指導すべき事項があるときは、将来にわたって自主的に適正な申告、納税及び帳簿書類の備付け等が行われるよう十分な説明を行う。

5　理由附記の実施

行政手続法第2章に規定する申請に対する拒否処分又は同法第3章に規定する不利益処分（同法第3条第1項に定めるものを除く。）を行う場合に必要となる同法第8条又は第14条の規定に基づく処分の理由の提示（理由附記）を行うに当たっては、処分の適正性を担保するとともに処分の理由を相手方に知らせて不服申立ての便宜を図るとの理由附記が求められる趣旨が確保されるよう、適切にこれを行う。

(注) 所得税法第155条（青色申告書に係る更正）、法人税法第130条（青色申告書等に係る更正）等の各税法に理由附記をすることが規定されている処分については、従前のとおり当該規定に基づき適切に理由附記を行うことに留意する。

（出典：国税庁ホームページ）

19 加算税

税務調査によって、修正申告、期限後申告を行った場合や更正又は決定を受けた場合には、加算税を納付しなければなりません。

加算税の金額は、後日、「加算税の賦課決定通知書」によって通知されます。

(1) 過少申告加算税

修正申告をしたり、更正を受けたりすると、新たに納める税金のほかに過少申告加算税がかかります。

過少申告加算税の金額は、新たに納めることとなった税金の10％相当額です。ただし、新たに納めることとなった税金が当初の申告納税額と50万円とのいずれか多い金額を超えている場合、その超えている部分については15％になります。

なお、税務調査を受ける前に自主的に修正申告すれば、過少申告加算税はかかりません。

ただし、平成29年1月1日以後に法定申告期限が到来するものについては、調査の事前通知の後に修正申告をした場合は、50万円までは5％、50万円を超える部分は10％の割合を乗じた金額の過少申告加算税がかかります。

(2) 無申告加算税

期限後申告をしたり、決定を受けたりすると申告等によって納める税金のほかに無申告加算税が課されます。

無申告加算税は、原則として、納付すべき税額に対して、50万円までは15％、50万円を超える部分は20％の割合を乗じて計算した金額となります。

なお、税務調査を受ける前に自主的に期限後申告をした場合には、5％の割合を乗じて計算した金額に軽減されます。

ただし、平成29年1月1日以後に法定申告期限が到来するものについては、調査の事前通知の後に期限後申告をした場合は、50万円までは10％、50万円を超える部分は15％の割合を乗じた金額となります。

期限後申告であっても、次の要件を全て満たす場合には無申告加算税は課されません。

① その期限後申告が、法定申告期限から1か月以内に自主的に行われていること。

② 期限内申告をする意思があったと認められる一定の場合に該当すること。

なお、一定の場合とは、次のイ、ロのいずれにも該当する場合とされています。

イ　その期限後申告に係る納付すべき税額の全額を法定納期限までに納付していること。

ロ　その期限後申告書の提出した日の前日から起算して5年前までの間に無申告加算税又は重加算税を課されたことがなく、かつ、期限内申告をする意思があったと認められる場合の無申告加算税の不適用を受けていないこと。

(3)　重加算税

①　過少申告加算税に代えて課される場合

　相続税等の計算の基礎となる事実を仮そう又は隠ぺいし、その隠ぺい等に基づき当初納税申告を行っていたときは、過少申告加算税に代えて過少申告加算税の計算の基礎となる税額に35％の割合を乗じた金額に相当する重加算税が課されます。

②　無申告加算税に代えて課される場合

　相続税等の計算の基礎となる事実を仮そう又は隠ぺいし、その隠ぺい等に基づき法定申告期限までに納税申告書を提出せず、又は、法定申告期限後に納税申告書を提出していたときは、無申告加算税に代えて無申告加算税の計算の基礎となる税額に40％の割合を乗じた金額に相当する重加算税が課されます。

■ 加算税一覧表

種　類 課税要件	課税割合 （増差本税に対する）		不適用又は課税割合の軽減	
	通常分	加重分	要　件	不適用 軽　減
過少申告 加算税 ○申告期限内に納税申告書が提出された場合等において、修正申告書の提出又は更正があったとき	10% [5%] ○調査通知以後、調査による更正の予知なしの修正申告の場合	5% ○期限内申告税額相当額又は50万円のいずれか多い金額を超える部分がある場合（当該超える部分に課す。）	○正当な理由がある場合 ○調査による更正の予知なしの修正申告の場合［調査通知前］ ○減額更正後の場合（更正の請求に基づくものを除き、当該期限内申告書に係る税額に達するまでの税額）	不適用
無申告 加算税 ○申告期限までに納税申告書を提出しないで、期限後申告書の提出又は決定があった場合 ○期限後申告書の提出又は決定があった後に、修正申告書の提出又は更正があった場合	15%	5% ○50万円を超える部分がある場合（当該超える部分に課す。） [10%] ○調査による期限後申告等があった日の前日から起算して5年前の日までの間に、その国税に属する税目に調査による無申告加算税又は重加算税を課されたことがある場合	○正当な理由がある場合 ○期限内申告の意思があり、次のいずれにも該当した場合 ①調査による決定の予知なし ②法定期限内に申告書提出の意思有・条件付 ③法定申告期限から1か月を経過する日までに当該申告書提出	不適用
	[10%] ○調査通知以後、調査による決定等の予知なしの期限後申告等の場合	5% ○50万円を超える部分がある場合（当該超える部分に課す。）	調査による決定等の予知なしの期限後申告等の場合［調査通知前］	5%
不納付 加算税 ○源泉徴収等により納付すべき税額を法定納期限までに納付しなかった場合で、法定納期限後に納税告知を受けた場合又は告知前に納付した場合	10%	—	○正当な理由がある場合 ○期限内納付の意思があり、次のいずれにも該当した場合 ①納税の告知なし ②法定納限内に納付の意思有・条件付 ③法定納期限から1か月を経過する日までに納付	不適用
			調査による納税の告知の予知なしの納付の場合	5%
重加算税 ○課税標準等又は税額等の計算の基礎となるべき事実を隠蔽又は仮装していた場合	過少申告加算税　35% 無申告加算税　40% 不納付加算税　35%	[10%] ○調査による期限後申告等があった日の前日から起算して5年前の日までの間に、その国税に属する税目に調査による無申告加算税又は重加算税を課され、又は徴収されたことがある場合	（注）「課税割合」及び「要件」の［　］書は、平成29年1月1日以後に法定申告期限等が到来する国税に適用される。	

（出典：国税庁「税大講本」（一部加工）」

■ **過少申告加算税の計算式**

○通常の場合

増　差　本　税　×　10%［調査通知以後、調査による　＝　納付すべき加算税の額
（1万円未満端数切捨て）　　　　更正の予知なしの修正申告　　（5,000円未満の場合、
　　　　　　　　　　　　　　　　の場合、5%]　　　　　　　全額切捨て）

○加重分がある場合

・通常分　　増　差　本　税　　　×　　　10%［又は5%］　＝　……　①
　　　　　（1万円未満端数切捨て）

・加重分　　増　差　本　税　　　－　　　控　除　税　額　　　　＝　　A
　　　　　（1万円未満端数切捨て前）　（期限内申告税額相当額か
　　　　　　　　　　　　　　　　　　　50万円のいずれか多い金額）

　　　　　　　　　　　　A　　　　　　×　　5%　＝　……　②
　　　　　（1万円未満端数切捨て）

・①　＋　②　＝　納付すべき加算税の額

■ **無申告加算税の計算式**

○通常の場合

期限後申告等の税額　×　15%［調査通知以後、調査によ　＝　納付すべき加算税の
（1万円未満端数切捨て）　　　　る決定等の予知なしの期　　額（5,000円未満の場
　　　　　　　　　　　　　　　限後申告等の場合、10%]　合、全額切捨て）

○加重分がある場合

・通常分　　期限後申告等の税額　　　×　　15%［又は10%］　＝　……　①
　　　　　（1万円未満端数切捨て）

・加重分　　期限後申告等の税額　　　－　　　控　除　税　額　　　＝　　A
　　　　　（1万円未満端数切捨て前）　（期限後申告による納付すべき税
　　　　　　　　　　　　　　　　　　　額か50万円のいずれか多い金額）

　　　　　　　　　A　（1万円未満端数切捨て）　　　×　　5%　＝　……　②

・①　＋　②　＝　納付すべき加算税の額

○［5年前までの間に、無申告加算税又は重加算税を課されたことがある場合］

上記の通常分（15%の割合）及び加重分で計算した金額　＋　（期限後申告等の税額　×　10%）
　　　　　　　　　　　　　　　　　　　　　　　　　　＝　納付すべき加算税の額

○［調査通知前、］調査による決定等の予知なしの期限後申告等の場合

期限後申告等の税額　　×　　5%　＝　納付すべき加算税の額

（出典：国税庁「税大講本」（一部加工））

20 延滞税

　税務調査によって、修正申告、期限後申告を行った場合や更正又は決定を受けた場合で、納税しなければならない税額があるときには、法定納期限の翌日から納付する日までの日数に応じて延滞税を納付しなければなりません。

　なお、延滞税は本税だけを対象として課されるもので、加算税などに対しては課されません。

　延滞税の割合は、次のとおりです。

(1) 納期限の翌日から2か月を経過する日まで

　原則として年「7.3％」です。

　ただし、平成26年1月1日以降は、年「7.3％」と「特例基準割合＋1％」のいずれか低い割合となります。

　具体的な割合は、次のとおりです。

　　平成30年1月1日から令和元年12月31日までの期間は、年2.6％

　　平成29年1月1日から平成29年12月31日までの期間は、年2.7％

　　平成27年1月1日から平成28年12月31日までの期間は、年2.8％

　　平成26年1月1日から平成26年12月31日までの期間は、年2.9％

(2) 納期限の翌日から2か月を経過した日以後

　原則として年「14.6％」です。

　ただし、平成26年1月1日以降は、年「14.6％」と「特例基準割合＋7.3％」のいずれか低い割合となります。

　具体的な割合は、次のとおりです。

　　平成30年1月1日から令和元年12月31日までの期間は、年8.9％

　　平成29年1月1日から平成29年12月31日までの期間は、年9.0％

　　平成27年1月1日から平成28年12月31日までの期間は、年9.1％

　　平成26年1月1日から平成26年12月31日までの期間は、年9.2％

（注）　納期限は次のとおりです。
　　　1　期限後申告又は修正申告の場合は、申告書を提出した日
　　　2　更正、決定の場合は、更正通知書を発した日から1か月後の日

課資 2 -264

課料 3 -12

査察 1 -28

平成12年 7 月 3 日

（改正）課資 2 -15

課総 6 -13

査察 1 -48

平成28年12月12日

各国税局長　　殿

沖縄国税事務所長　　殿

国税庁長官

相続税、贈与税の過少申告加算税及び無申告加算税の取扱いについて
（事務運営指針）

　標題のことについて、国税通則法（以下「通則法」という。）第65条及び第66条の規定の適用に関し留意すべき事項等を下記のとおり定めたから、今後処理するものからこれにより取り扱われたい。

（趣旨）

　相続税、贈与税の過少申告加算税及び無申告加算税の賦課に関する取扱基準の整備等を図ったものである。

記

第1　過少申告加算税の取扱い

（過少申告の場合における正当な理由があると認められる事実）

1　通則法第65条の規定の適用に当たり、例えば、納税者の責めに帰すべき事由のない次のような事実は、同条第 4 項第 1 号に規定する正当な理由があると認められる事実として取り扱う。

(1)　税法の解釈に関し申告書提出後新たに法令解釈が明確化されたため、その法

令解釈と納税者（相続人（受遺者を含む。）から遺産（債務及び葬式費用を含む。）の調査、申告等を任せられた者又は受贈者から受贈財産（受贈財産に係る債務を含む。）の調査、申告等を任せられた者を含む。以下同じ。）の解釈とが異なることとなった場合において、その納税者の解釈について相当の理由があると認められること。

(注) 税法の不知若しくは誤解又は事実誤認に基づくものはこれに当たらない。

(2) 災害又は盗難等により、申告当時課税価格の計算の基礎に算入しないことを相当としていたものについて、その後、予期しなかった損害賠償金等の支払を受け、又は盗難品の返還等を受けたこと。

(3) 相続税の申告書の提出期限後において、次に掲げる事由が生じたこと。

　イ　相続税法（以下「法」という。）第51条第2項各号に掲げる事由

　ロ　保険業法（平成7年法律第105号）第270条の6の10第3項に規定する「買取額」の支払いを受けた場合

(修正申告書の提出が更正があるべきことを予知してされたと認められる場合)

2　通則法第65条第1項又は第5項の規定を適用する場合において、その納税者に対する臨場調査、その納税者の取引先に対する反面調査又はその納税者の申告書の内容を検討した上での非違事項の指摘等により、当該納税者が調査があったことを了知したと認められた後に修正申告書が提出された場合の当該修正申告書の提出は、原則として、これらの規定に規定する「更正があるべきことを予知してされたもの」に該当する。

(注) 臨場のための日時の連絡を行った段階で修正申告書が提出された場合には、原則として『更正があるべきことを予知してされたもの』に該当しない。

(調査通知に関する留意事項)

3　通則法第65条第5項に規定する調査通知（以下「調査通知」という。）を行う場合の同項の規定の適用については、次の点に留意する。

(1) 通則法第65条第5項の規定は、納税義務者（通則法第74条の9第5項に規定する場合に該当するときは、納税義務者又は同項に規定する税務代理人）に対して調査通知を行った時点から、適用されない。

(注) 1　この場合の税務代理人とは、調査通知を行う前に提出された国税通則法施行規則第11条の3第1項に規定する税務代理権限証書（同項に規定する納税義務者への調査の通知は税務代理人に対してすれば足り

る旨の記載があるものに限る。）に係る税務代理人（以下「同意のある
　　税務代理人」という。）をいう。

　　　　2　同意のある税務代理人が数人ある場合には、いずれかの税務代理人
　　　　　（通則法第74条の9第6項に規定する代表する税務代理人を定めた場合
　　　　　は当該代表する税務代理人）に対して調査通知を行った時点から、通
　　　　　則法第65条第5項の規定は適用されない。

(2)　調査通知を行った場合において、調査通知後に修正申告書が提出されたとき
　　は、当該調査通知に係る調査について、実地の調査が行われたかどうかにかか
　　わらず、通則法第65条第5項の規定の適用はない。

(3)　調査通知後の修正申告書の提出が、次に掲げる場合には、調査通知がある前
　　に行われたものとして取り扱う。

　　イ　当該調査通知に係る調査について、通則法第74条の11第1項の通知をした
　　　　後又は同条第2項の調査結果の説明に基づき納税義務者から修正申告書が提
　　　　出された後若しくは通則法第29条第1項に規定する更正若しくは通則法第32
　　　　条第5項に規定する賦課決定をした後に修正申告書が提出された場合

　　ロ　当該修正申告書が、例えば、所得税及び復興特別所得税について更正の請
　　　　求に基づく減額更正が行われたことに伴い提出された場合

　　　　ただし、当該修正申告書に当該減額更正に係る部分以外の部分が含まれる
　　　　場合には、当該減額更正に係る部分以外の部分は、調査通知がある前に行わ
　　　　れたものとして取り扱わないものとする。

第2　無申告加算税の取扱い

（期限内申告書の提出がなかったことについて正当な理由があると認められる事実）

1　通則法第66条の規定を適用する場合において、災害、交通・通信の途絶その他
　　期限内に申告書を提出しなかったことについて真にやむを得ない事由があると認
　　められるときは、期限内申告書の提出がなかったことについて正当な理由がある
　　ものとして取り扱う。

　（注）　相続人間に争いがある等の理由により、相続財産の全容を知り得なかった
　　　　こと又は遺産分割協議が行えなかったことは、正当な理由に当たらない。

（期限後申告書等の提出が決定又は更正があるべきことを予知してされたと認めら
れる場合）

2　第1の2の取扱いは、通則法第66条第1項、第6項又は第7項の規定を適用す

る場合において、期限後申告書又は修正申告書の提出が決定又は更正があるべきことを予知してされたものである場合の判定について準用する。

（調査通知に関する事項）

3　第1の3の取扱いは、調査通知を行う場合の通則法第66条第6項の規定の適用について準用する。

（無申告加算税を課す場合の留意事項）

4　通則法第66条の規定による無申告加算税を課す場合には、次のことに留意する。

  (1)　申告書が期限後に提出され、その期限後に提出されたことについて通則法第66条第1項ただし書に規定する正当な理由があると認められた場合又は同条第7項の規定が適用される場合において、当該申告について、更に修正申告書の提出があり、又は更正があったときは、当該修正申告又は更正により納付することとなる税額については、無申告加算税を課さないで通則法第65条の規定による過少申告加算税を課す。

  (2)　通則法第66条第5項において準用する通則法第65条第4項第1号に定める正当な理由があると認められる事実は、第1の1に定めるような事実とする。

  (3)　通則法第119条第4項の規定により無申告加算税又は重加算税の全額が切り捨てられた場合には、通則法第66条第4項に規定する「無申告加算税（……）又は重加算税（……）を課されたことがあるとき」に該当しない。

第3　過少申告加算税等の計算

（累積増差税額等に含まれない税額）

1　通則法第65条第3項第1号に規定する累積増差税額には、同条第5項の規定の適用がある修正申告書の提出により納付すべき税額は含まれないものとし、通則法第66条第3項に規定する累積納付税額には、同条第6項の規定の適用がある期限後申告書又は修正申告書の提出により納付すべき税額は含まれないものとする。

  （注）　通則法第65条第5項の規定の適用がある修正申告書又は通則法第66条第6項の規定の適用がある期限後申告書若しくは修正申告書において、第1の3⑶の取扱いによって、調査通知がある前に行われたものとして取り扱われないものが含まれる場合は、これに対応する納付すべき税額は、それぞれ通則法第65条第3項第1号に規定する累積増差税額又は通則法第66条第3項に規定する累積納付税額に含まれることに留意する。

（過少申告加算税又は無申告加算税の計算の基礎となる税額）

2　過少申告加算税又は無申告加算税の計算の基礎となる税額は、通則法第65条、国税通則法施行令第27条又は通則法第66条の規定により、その基因となった更正、修正申告又は決定、期限後申告（以下「更正等」という。）があった後の税額から正当な理由があると認められる事実（以下「正当事実」という。）のみに基づいて更正等があったものとして計算した税額（Ａ）を控除して計算するのであるが、この場合、次の点に留意する。

(1)　相続税の場合

イ　上記Ａを算出する上で基となる相続税の総額の基礎となる各人の課税価格の合計額は、その更正等のあった後の各人の課税価格の合計額からその者の正当事実に基づかない部分の価額（以下「過少対象価額」という。）を控除した金額を基に計算する。

ロ　各人の税額計算を行う上で、上記Ａの基礎となるその者の課税価格は、その更正等のあった後のその者の課税価格から当該課税価格に係るその者の過少対象価額を控除した金額を基に計算する。

（注）1　過少対象価額の基となる財産に対応することが明らかな控除もれの債務（控除不足の債務を含む。）がある場合には、当該財産の価額から当該債務の金額を控除した額が過少対象価額となる。

2　第1の3(3)ロただし書の取扱い（第2の3において準用する場合を含む。）を行う場合のその者の過少対象価額は、当該減額更正に係る部分の価額を控除したものとなる。なお、通則法第66条第1項に規定する無申告加算税の計算の基礎となる税額を計算する場合における当該減額更正に係る部分には、同条第6項の規定が適用される。

(2)　贈与税の場合

上記Ａの基礎となる課税価格は、その更正等のあった後の課税価格から過少対象価額を控除した金額を基に計算する。

（注）第1の3(3)ロただし書の取扱い（第2の3において準用する場合を含む。）を行う場合の過少対象価額は、当該減額更正に係る部分の価額を控除したものとなる。なお、通則法第66条第1項に規定する無申告加算税の計算の基礎となる税額を計算する場合における当該減額更正に係る部分には、同条第6項の規定が適用される。

（重加算税について少額不徴収とする場合の過少対象価額の計算）

3 通則法第119条第4項の規定により重加算税を課さない場合には、その課さない部分に対応する課税価格は、過少対象価額に含まれないのであるから留意する。

（出典：国税庁ホームページ）

■ 参考資料 相続税及び贈与税の重加算税の取扱いについて

課資2-263

課料3-11

査察1-27

平成12年7月3日

（改正）課資2-16

課総6-14

査察1-47

平成28年12月12日

各国税局長　殿

沖縄国税事務所長　殿

国税庁長官

相続税及び贈与税の重加算税の取扱いについて（事務運営指針）

標題のことについて，国税通則法（以下「通則法」という。）第68条第1項若しくは第2項又は第4項の規定の適用に関し留意すべき事項等を下記のとおり定めたから、今後処理するものからこれにより取り扱われたい。

（趣旨）

相続税及び贈与税の重加算税の賦課に関する取扱基準の整備等を図ったものである。

記

第1　賦課基準

通則法第68条第1項又は第2項に規定する「納税者がその国税の課税標準等又は税額等の計算の基礎となるべき事実の全部又は一部を隠蔽し、又は仮装し」とは、例えば、次に掲げるような事実（以下「不正事実」という。）がある場合をいう。

1　相続税関係

(1)　相続人（受遺者を含む。）又は相続人から遺産（債務及び葬式費用を含む。）の調査、申告等を任せられた者（以下「相続人等」という。）が、帳簿、決算書類、契約書、請求書、領収書その他財産に関する書類（以下「帳簿書類」という。）について改ざん、偽造、変造、虚偽の表示、破棄又は隠匿をしていること。

(2)　相続人等が、課税財産を隠匿し、架空の債務をつくり、又は事実をねつ造して課税財産の価額を圧縮していること。

(3)　相続人等が、取引先その他の関係者と通謀してそれらの者の帳簿書類について改ざん、偽造、変造、虚偽の表示、破棄又は隠匿を行わせていること。

(4)　相続人等が、自ら虚偽の答弁を行い又は取引先その他の関係者をして虚偽の答弁を行わせていること及びその他の事実関係を総合的に判断して、相続人等が課税財産の存在を知りながらそれを申告していないことなどが合理的に推認し得ること。

(5)　相続人等が、その取得した課税財産について、例えば、被相続人の名義以外の名義、架空名義、無記名等であったこと若しくは遠隔地にあったこと又は架空の債務がつくられてあったこと等を認識し、その状態を利用して、これを課税財産として申告していないこと又は債務として申告していること。

2　贈与税関係

(1)　受贈者又は受贈者から受贈財産（受贈財産に係る債務を含む。）の調査、申告等を任せられた者（以下「受贈者等」という。）が、帳簿書類について改ざん、偽造、変造、虚偽の表示、破棄又は隠匿をしていること。

(2)　受贈者等が、課税財産を隠匿し、又は事実をねつ造して課税財産の価額を圧縮していること。

(3)　受贈者等が、課税財産の取得について架空の債務をつくり、又は虚偽若しくは架空の契約書を作成していること。

(4)　受贈者等が、贈与者、取引先その他の関係者と通謀してそれらの者の帳簿書類について改ざん、偽造、変造、虚偽の表示、破棄又は隠匿を行わせていること。

(5)　受贈者等が、自ら虚偽の答弁を行い又は贈与者、取引先その他の関係者をして虚偽の答弁を行わせていること及びその他の事実関係を総合的に判断して、

受贈者等が課税財産の存在を知りながらそれを申告していないことなどが合理的に推認し得ること。

(6) 受贈者等が、その取得した課税財産について、例えば、贈与者の名義以外の名義、架空名義、無記名等であったこと又は遠隔地にあったこと等の状態を利用して、これを課税財産として申告していないこと。

第2　重加算税を課す場合の留意事項

（通則法第68条第4項の規定の適用に当たっての留意事項）

通則法第68条第4項の規定の適用に当たっては、通則法第119条第4項の規定により無申告加算税又は重加算税の全額が切り捨てられた場合には、通則法第68条第4項に規定する「無申告加算税等を課され、又は徴収されたことがあるとき」に該当しないことに留意する。

第3　重加算税の計算

重加算税の計算の基礎となる税額は、通則法第68条及び国税通則法施行令第28条の規定により、その基因となった更正、決定、修正申告又は期限後申告（以下「更正等」という。）があった後の税額から隠蔽又は仮装されていない事実のみに基づいて計算した税額（A）を控除して計算するのであるが、この場合、次の点に留意する。

(1) 相続税の場合

イ　上記Aを算出する上で基となる相続税の総額の基礎となる各人の課税価格の合計額は、その更正等のあった後の各人の課税価格の合計額からその者の不正事実に基づく部分の価額（以下「重加対象価額」という。）を控除した金額を基に計算する。

ロ　各人の税額計算を行う上で、上記Aの基礎となるその者の課税価格は、その更正等のあった後のその者の課税価格から当該課税価格に係るその者の重加対象価額を控除した金額を基に計算する。

（注）　重加対象価額の基となる財産に対応することが明らかな控除もれの債務（控除不足の債務を含む。）がある場合には、当該財産の価額から当該債務の金額を控除した額が重加対象価額となる。

(2)　贈与税の場合

　上記Aの基礎となる課税価格は、その更正等のあった後の課税価格から重加対象価額を控除した金額を基に計算する。

不動産評価と調査対応の
ポイント

　不動産は法務局等で公表されている資産ですが、預貯金などとは異なり、その価額は客観的に明らかではなく、相続税の申告に当たっては、評価という作業が必要となります。

　しかしながら、不動産の評価については、納税者である相続人等は素人のことが多く、評価額が適正かどうかは、申告のプロである税理士の双肩にかかっており、いわば腕の見せどころでもあります。

　評価に誤りがあると税理士の信用問題にもなりかねず、場合によっては、損害賠償責任問題にまで発展することもありますので、日頃から鍛錬を心がけることが肝要です。

　税務調査において、路線価の適用誤りや土地評価に関する各種補正率の適用誤りなどを指摘されるケースでは、現地調査が十分に行われていないために上記を適切に適用しないで誤った評価額で申告していることが往々にして見受けられます。

　例えば、路線価地域における土地の増減価要因は、地図や図面などで知りうる形状などの情報だけでは不十分であり、高低差など現地に行って初めて発見できる事象もあるわけで、これらをすべて勘案した上で評価を行うことが重要となるわけです。

　ところが、東京、大阪、名古屋など大都市圏等の都市部の土地等には精度が高い地図が整備されていない場合が多いため、評価に必要な土地等の間口、奥行等の基本的な数値把握を税理士が行わざるを得ない場合が多いのです。この点は、実務上、最も注意すべきことの一つです。

(1)　法務局に備え付けられている地図と図面等

　税務調査に対応するには、法務局備付けの地図や図面の精度を十分理解し、精度の高い地図等を選択して評価対象地の間口距離、奥行距離、不整形地の説明を行うことが重要です。

　ここで法務局に備え付けられている地図と図面等の精度について説明します。

　不動産評価に必要な役所資料の基本は、法務局に備え付けられている次のものです。

1　地図、地積測量図等
2　各種図面等
3　登記事項証明書

　上記の法務局に備え付けられている地図、地積測量図等及び各種図面等の一覧は次表のとおりです。

■ 法務局に備え付けられている地図・図面一覧表

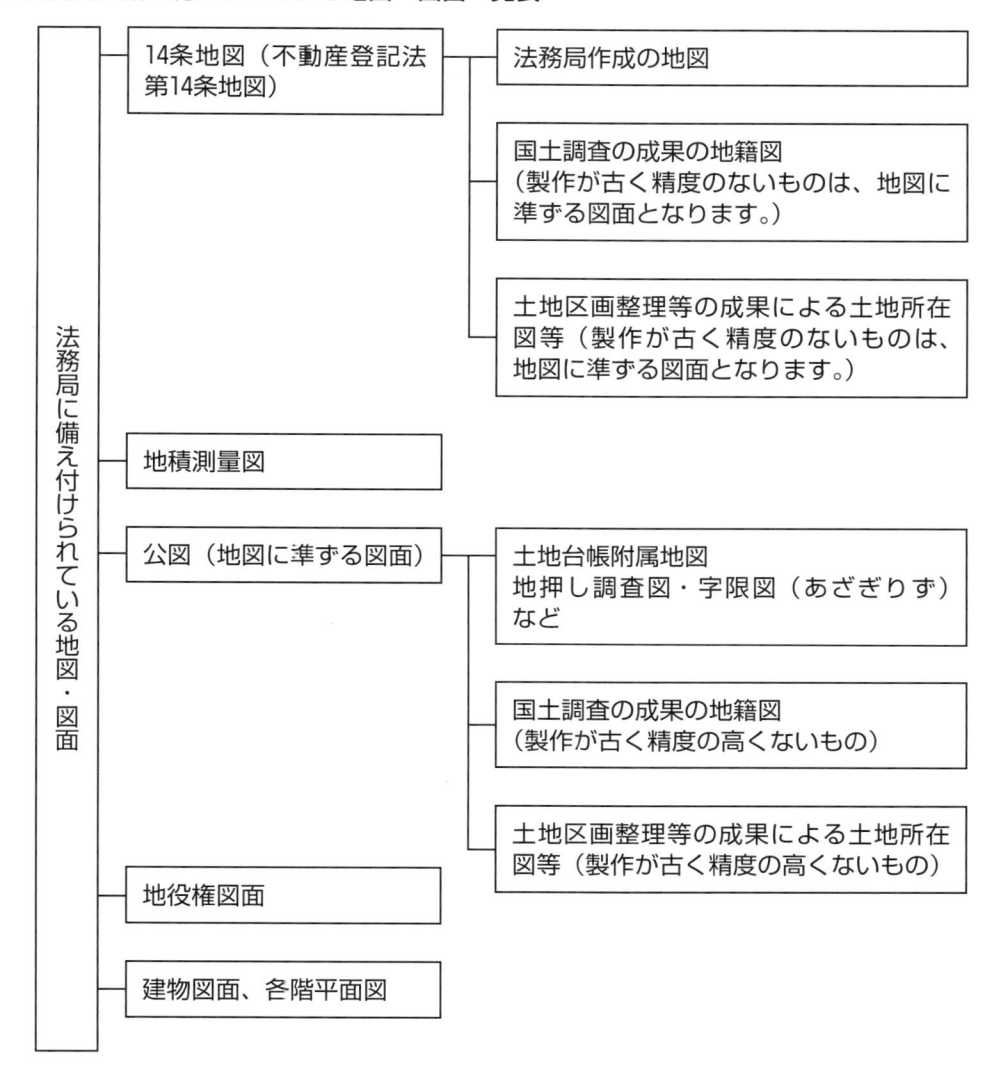

イ 「14条地図」（不動産登記法第14条地図）

　「地図」といえば実務では公図のことをさすことが多いようですが、不動産登記法上の「地図」とは、一定の精度が要求されるもので、精度を満たさないものは、「地図に準ずる図面」として扱われることになります。

　公図の内容は正確な土地の形状や、位置、寸法を示すものではないため、「地図に準ずる図面」となります。

　不動産登記法上「地図」というときは、国土地理院が決めている国家基準点（三角点）を基準として測量士に基づき境界を測定した一定の精度を有するもので「14条地図」と呼ばれ、もし土地の現状が変わったとしても境界を復元することができる精度の

高いもので、評価対象地の評価に利用できます。

ロ　法務局作成の地図

　法務局に備え付けの地図と現地が著しく相違している場合、その地区の土地、建物の売買などの不動産取引あるいは不動産の表示に関する登記申請等に不都合が生じます。

　そこで、法務局では、これらを解消するために、土地の一筆ごとの筆界を確認し、正確な測量を行い、精度の高い地図を作成し、整備している場合があります。

　この場合の法務局に備え付けられた地図は「14条地図」に該当します。

八　国土調査の成果に基づく地籍図

　地籍調査は、国土調査法に基づき1951年に始まり、地籍の明確化を目的として実施する土地に関する調査で、一筆ごとの土地について所有者・地番・地目の調査及び境界の位置、面積の測量を行い、地図と簿冊を作成する事業です。

　また、作成された地籍図及び地籍簿は、その写しが法務局に送付され、法務局において「地籍簿」をもとに土地登記簿が書き改められ、「地籍図」が不動産登記法第14条第1項地図として備え付けられ、表題部の地図番号として記載されます。

二　地籍図作成の進捗状況

　地籍図の作成事業は国土調査の開始の1951年から半世紀以経過しても全体として進捗していないことが分かります。また、次表（国土交通省ホームページより引用）のとおり地域間で進捗の差が大きくなっています。

　その理由は、法務局の予算・人員、また実際には、特に大都市の中心地域では権利関係が複雑で、関係者も多数となるので作業が難航しているためです。

　地域別にみると、北海道、東北、中国、四国、九州の各地方では調査が比較的進んでいますが、関東、中部、北陸、近畿の各地方では大幅に遅れています。

　順次、作業が進められていますが、都市部では依然として公図に頼らざるを得ないのが実情です。

　「14条地図」の具体的作成は、国土調査法に基づく地籍調査によって作成された地籍図が大部分を占め、土地区画整理事業、土地改良事業等により作成された土地の所在図なども活用して、作業が進められています。

　なお、「14条地図」を平成17年3月7日まで「17条地図」と呼んでいました。これは法律の改正で条文が移動したためです。

■ 地籍調査進捗率（平成30年度末時点、H31. 4 月調べ）

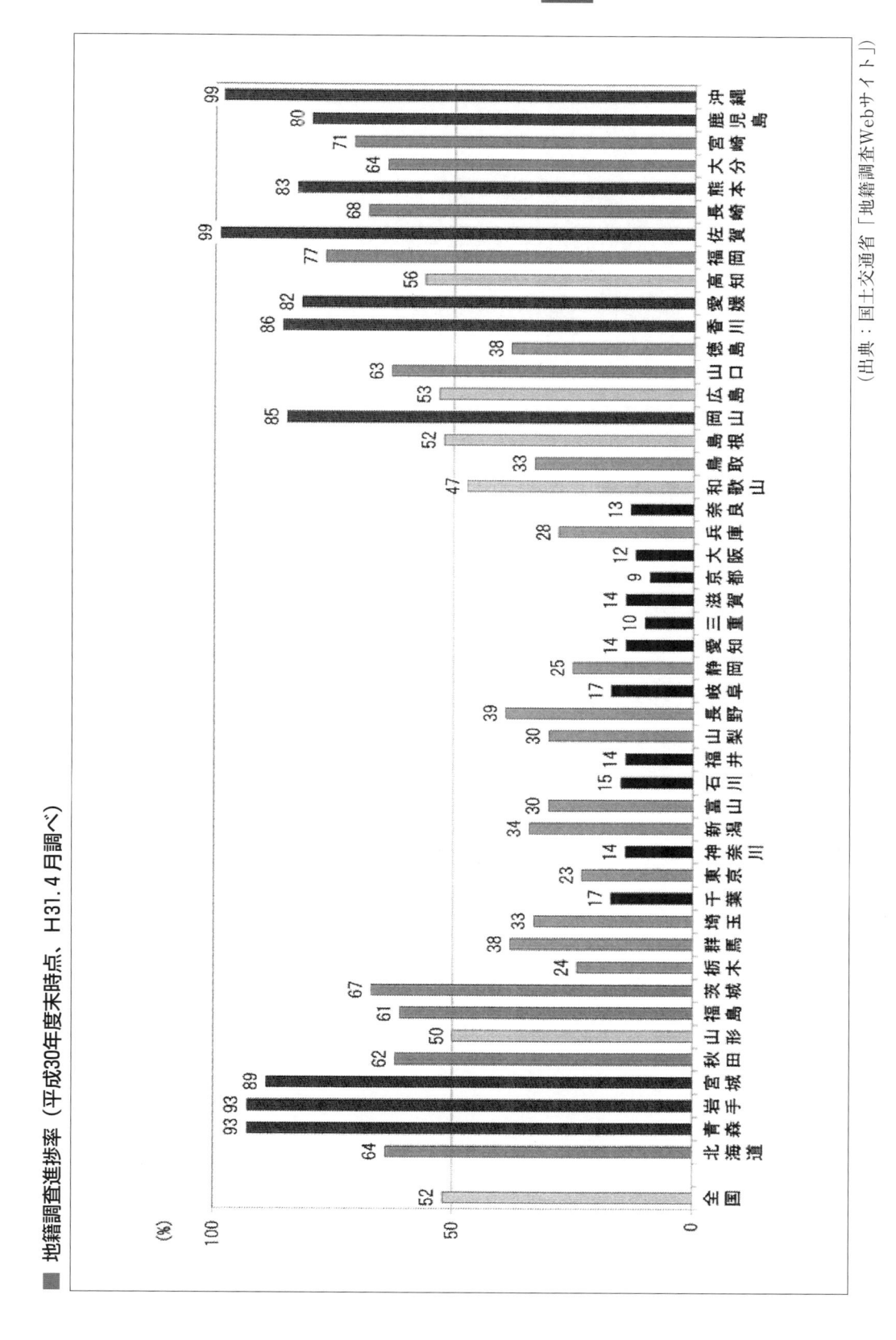

（出典：国土交通省「地籍調査Webサイト」）

(2) 地図等の具体例

■ 登記事項証明書による精度の高い地図の有無の調べ方

表題部の「地図番号」欄に記載がある土地には、14条地図が整備されていますので、当該地図により評価してください。

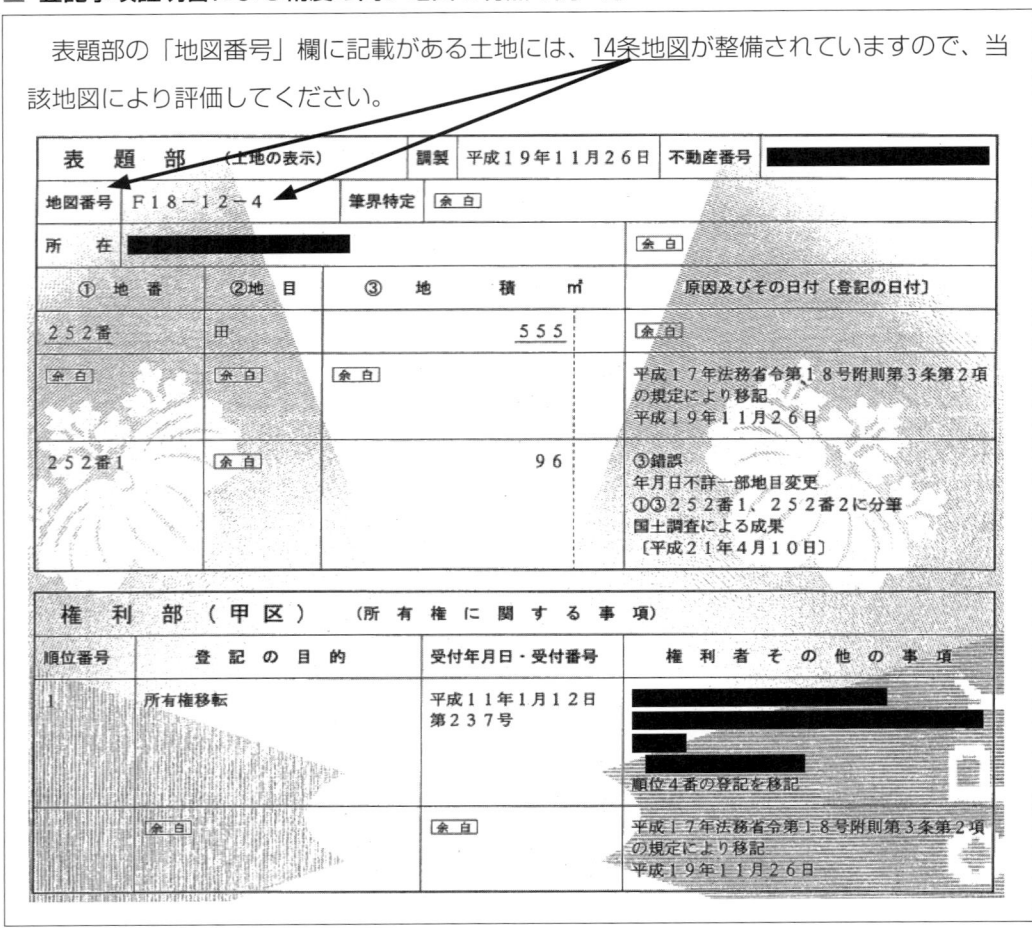

　法務局に備え付けられている14条地図、地図に準ずる図面（公図）及び地積測量図を参考に掲載します。

■ 14条地図

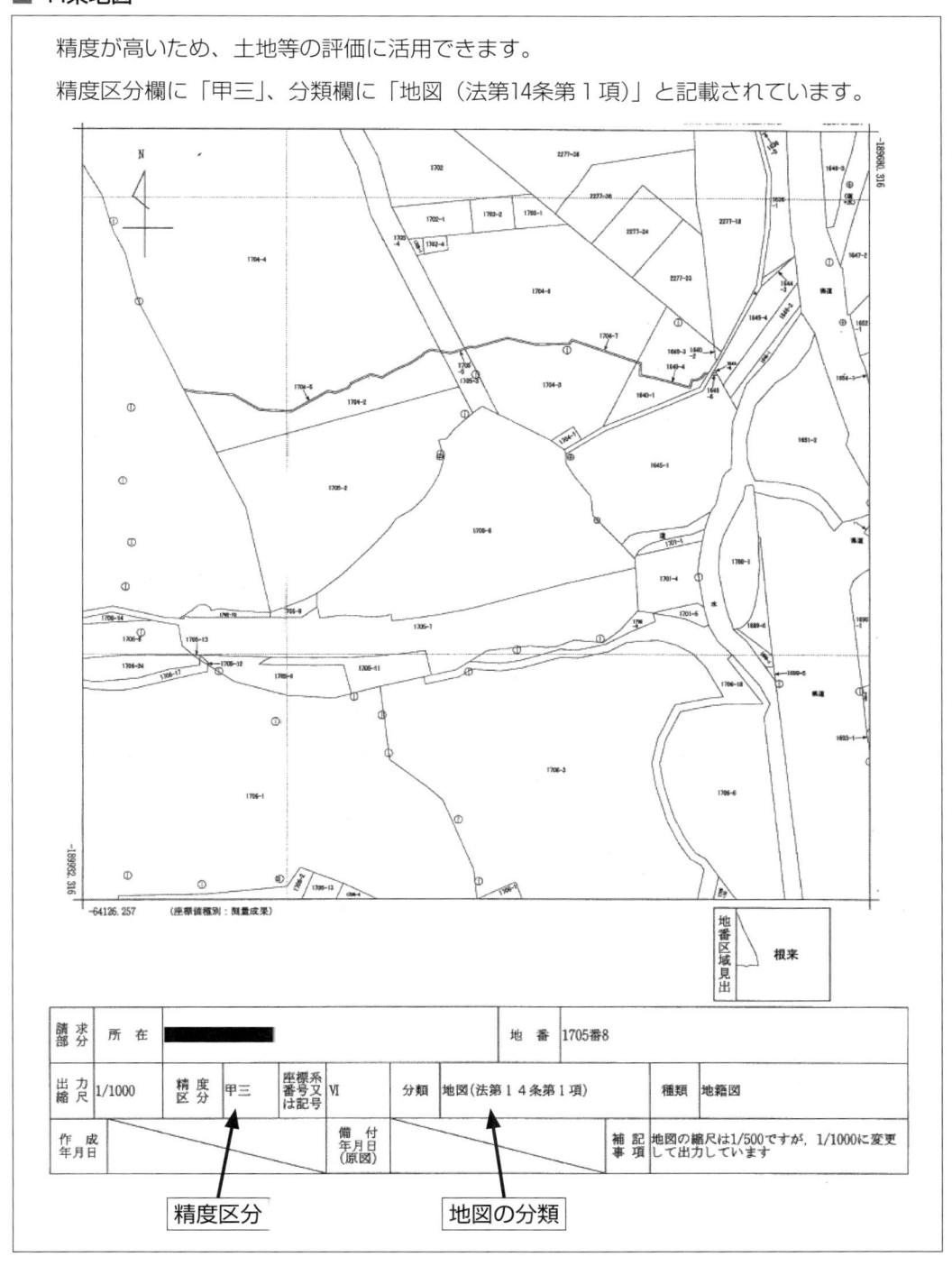

精度が高いため、土地等の評価に活用できます。

精度区分欄に「甲三」、分類欄に「地図（法第14条第1項）」と記載されています。

請求部分	所在	■■■■■			地番	1705番8			
出力縮尺	1/1000	精度区分	甲三	座標系番号又は配号	Ⅵ	分類	地図（法第14条第1項）	種類	地籍図
作成年月日				備付年月日（原図）			補記事項	地図の縮尺は1/500ですが，1/1000に変更して出力しています	

精度区分

地図の分類

精度の高い地図や図面がない場合に限り、土地等の評価に活用します。

精度区分欄が記載なく、分類欄に「地図に準ずる図面」と記載されています。

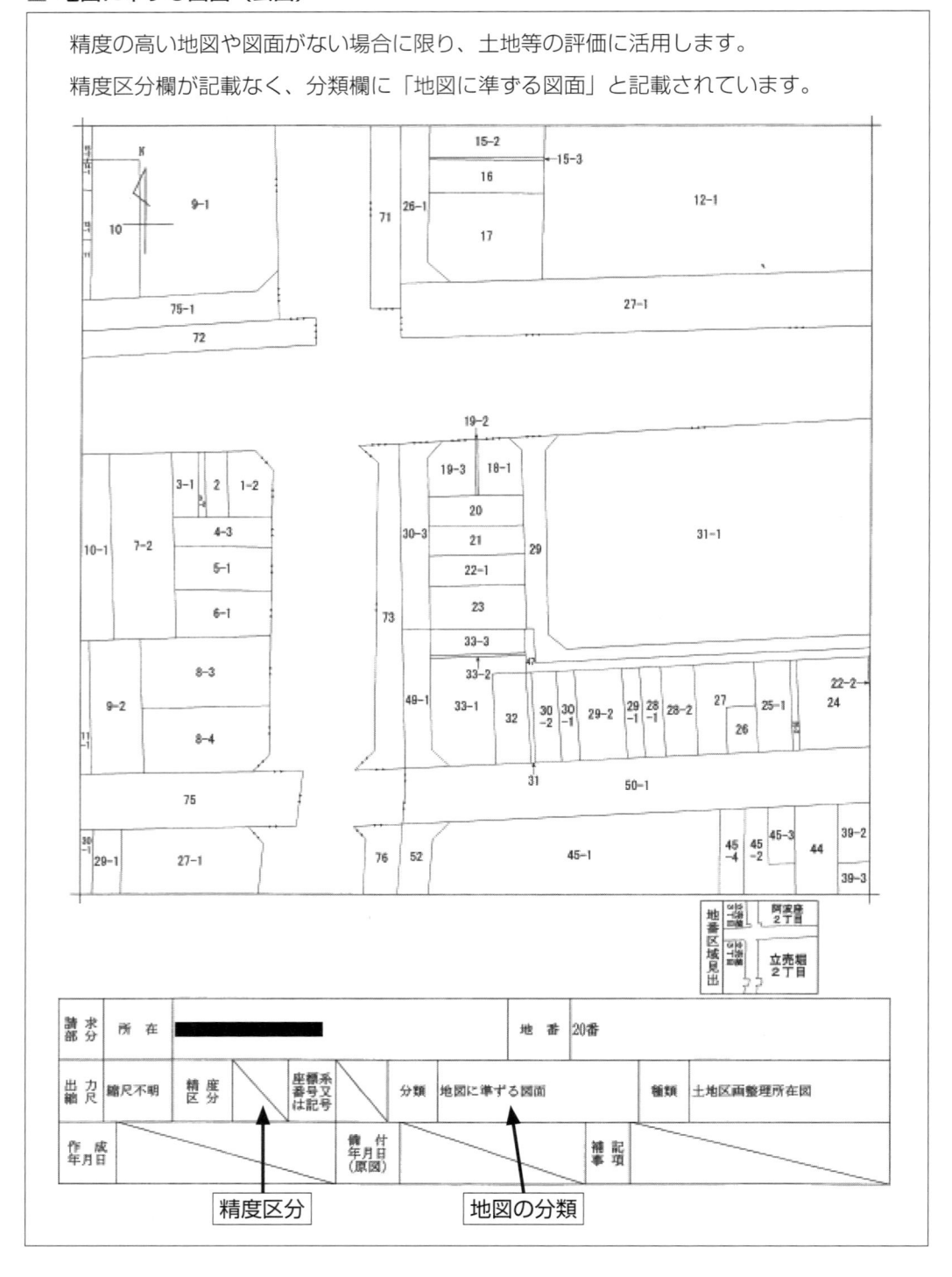

■ 地積測量図

精度が高いため、土地等の評価に活用できます。

平成17年3月法改正され、これ以降作成されたものは精度が高いです。

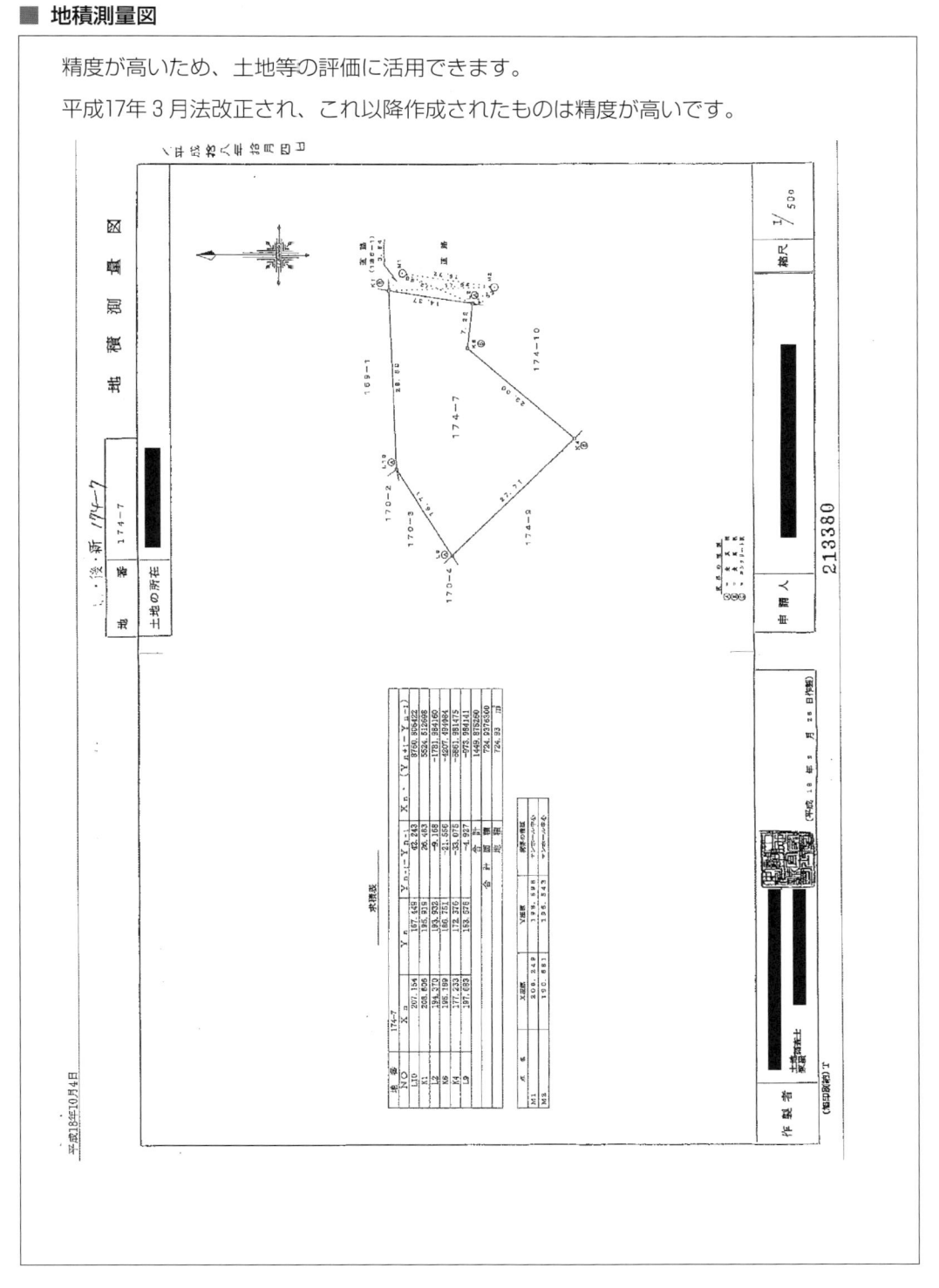

　税務調査時には、調査官から、対象不動産の基本的事項に関して質問されます。

　主な質問事項は、対象不動産に関する、地目の判定、利用状況、土地等の評価増減価要因等についてです。

　「土地及び土地の上に存する権利の評価明細書」（以下「評価明細書」といいます。）には「地形図及び参考事項」記載欄がありますが、土地等の評価のために必要な参考事項を表現し、記載するには小スペースであるため、評価明細書だけでは調査官の土地等評価に対する土地等の形状等の質問に十分に応答することができません。

土地及び土地の上に存する権利の評価明細書（第1表）

局(所)	署	年分	ページ

（住居表示）（　　　）　所在地番
所有者　住所（所在地）　氏名（法人名）
使用者　住所（所在地）　氏名（法人名）

（平成三十一年一月分以降用）

地目	地積	路　線　価	地形図及び参考事項
宅地　山林　田　畑　雑種地（　　）	㎡	正面　側方　側方　裏面　円	

間口距離　m　奥行距離　m

利用区分：自用地　貸宅地　貸家建付地　借地権　私道　貸家建付借地権　転貸借地権（　）

地区区分：ビル街地区　高度商業地区　繁華街地区　普通商業・併用住宅地区　普通住宅地区　中小工場地区　大工場地区

自用地1平方メートル当たり	1　一路線に面する宅地（正面路線価）　　（奥行価格補正率）　円　×	（1㎡当たりの価額）円	A
	2　二路線に面する宅地（A）〔側方・裏面 路線価〕（奥行価格補正率）〔側方・二方 路線影響加算率〕円　＋　（　円　×　0.　×　0.　）	（1㎡当たりの価額）円	B
	3　三路線に面する宅地（B）〔側方・裏面 路線価〕（奥行価格補正率）〔側方・二方 路線影響加算率〕円　＋　（　円　×　0.　×　0.　）	（1㎡当たりの価額）円	C
	4　四路線に面する宅地（C）〔側方・裏面 路線価〕（奥行価格補正率）〔側方・二方 路線影響加算率〕円　＋　（　円　×　0.　×　0.　）	（1㎡当たりの価額）円	D
	5-1　間口が狭小な宅地等（AからDまでのうち該当するもの）（間口狭小補正率）（奥行長大補正率）円　×　（　0.　×　0.　）	（1㎡当たりの価額）円	E
	5-2　不整形地（AからDまでのうち該当するもの）（不整形地補正率※）円　×　0.　※不整形地補正率の計算（想定整形地の間口距離）（想定整形地の奥行距離）（想定整形地の地積）　m　×　m　＝　㎡（想定整形地の地積）（不整形地の地積）（想定整形地の地積）（かげ地割合）（　㎡　－　㎡）÷　㎡　＝　％（不整形地補正率表の補正率）（間口狭小補正率）（小数点以下2位未満切捨て）0.　×　0.　＝　0.　①　不整形地補正率（①、②のいずれか低い率、0.6を下限とする。）（奥行長大補正率）（間口狭小補正率）0.　×　0.　＝　0.　②	（1㎡当たりの価額）円	F
	6　地積規模の大きな宅地（AからFまでのうち該当するもの）（規模格差補正率※）円　×　0.　※規模格差補正率の計算（地積（Ⓐ））（Ⓑ）（Ⓒ）（地積（Ⓐ））（小数点以下2位未満切捨て）｛（　㎡×　＋　）÷　㎡｝×　0.8　＝　0.	（1㎡当たりの価額）円	G
	7　無道路地（F又はGのうち該当するもの）（※）円　×　（　1　－　0.　）※割合の計算（0.4を上限とする。）（正面路線価）（通路部分の地積）（F又はGのうち該当するもの）（評価対象地の地積）（　円　×　㎡）÷　（　円　×　㎡）＝　0.	（1㎡当たりの価額）円	H

3 評価明細書の添付資料

　ここでは、税務調査時の調査官からの質問にスムーズに対応するための評価明細書の添付資料について説明します。

　調査官の現地調査時の土地評価の質問に対して、的確な内容を説明するために、例えば、申告に際して以下の資料を評価明細書の附属書類として添付することをお勧めしています。同時に、書面添付制度の添付書面にもその旨を記載してください。

　土地等の形状が分かる糖度の高い地積測量図等の有無により、附属書類の内容がやや相違しますが、税務調査時の応答に役立ちます。

　以下において、精度の高い地積測量図のある場合とない場合について附属書類の参考例を掲載しています。

■ 相続税等の申告書に添付する評価明細書の附属書類の例

① 　写　　真

② 　路線価図（案内図）

③ 　地積測量図（地積測量図がない場合はこれに準ずる図面）等

④ 　上記③に基づく作図

⑤ 　土地等評価基礎計表

（注１）土地等の形状及びその土地等に係る行政法規の規制等は千差万別であるため、それに応じて土地評価の補足書類を準備して添付してください。

（注２）④の詳細については、拙著『新版　ここが違うプロが教える土地評価の要諦』（清文社、2018年4月刊）も参考にしてください。

4 調査官の質問に対するスムーズな応答

調査官が税務調査時に質問する基本的な事項は、次のとおりです。

■ 基本的な質問事項

① 地目の判定（宅地、田、畑、山林、雑種地等）

② 利用単位の判定（1画地の判定）

③ 土地等の平面的状況

　・土地の形状（間口、奥行等）

　・接面道路の幅員等の状況

　・未登記建物の有無

④ 土地等の立体的状況

　・隣接地との高低差

　・敷地内の高低差、傾斜

　・接面道路との段差

　・騒　音

　・高圧線の有無

⑤ 第三者等による利用の状況

　・自用地、貸地、貸家建付地

(1) 応答要領

土地等の評価内容の信頼度が高いことを説明するために、前ページの評価明細書の附属書類が必要となります。

上記の「①　地目の判定」、「②　利用単位の判定」、「④　土地等の立体的状況」「⑤　第三者等による利用の状況」については、現地の物件を確認するほか前ページの評価明細書の附属書類「①　写真」等により応答が可能です。

しかし、「③　土地等の平面的状況」についての質問には、精度の高い地図がない場合が多いため、前ページの評価明細書の附属書類「③　地積測量図等」、「④　上記③に基づく作図」、「⑤　土地等評価基礎計表」及び「評価明細書」により応答します。

この場合、評価するに当たっては、必ず現地に赴き対象地の簡易測量等を行ってください。その上で正確な補正率等を適用して評価していると応答してください。

地積測量図等がある場合とない場合で評価精度に若干相違がでますが、地積測量図等の精度の高い地図がない場合であっても、ウォーキングメジャー等の機器を活用し、評

価に必要な間口、奥行距離等を簡易測量しており、地積測量図等がある場合にできるだけ近づけて評価していることが評価の信頼性を高め、適正申告を行っている証拠になります。

　税理士が現地調査を実施し、適正評価していることをアピールしてください。

(2)　評価明細書の附属書類の作成と調査時の活用

　評価明細書の附属書類の作図・作成に当たり、地積測量図等がある場合は、地積測量図を方眼トレーシングペーパーに写し図面を作図します（後掲【参考2】地積測量図がある場合の附属書類の例）。

　また、調査時もこの作図等により適切な評価を行っている旨応答すると、調査官の納得のいく説明となります。

　地積測量図等がない場合（後掲【参考1】地積測量図がない場合の附属書類の例）は、評価対象土地等の間口、奥行距離等を測定する必要がありますのでウォーキングメジャー等の機器を活用し、評価に必要な間口、奥行距離等を評価対象地に赴いて測定し、地積測量図等の精度の高い地図がある場合にできる限り近づけます。

（作図の留意点）

イ　製図板を利用すると精度が高い作図ができます。

　　製図版を利用し、三角スケールや三角定規等のスケールを活用して線引きすると精度が高くなります。

■ 三角スケール等の利用

　各種の図面から寸法を読み取る三角スケールは必需品です。三つの面の両側（3×2＝6）に計6種類の縮尺の異なる目盛り（目盛りの縮尺はメートル単位で、1/100、1/200、1/300、1/400、1/500、1/600が一般的です。）が刻まれていて、必要な縮尺に合わせて使用面を選び、描かれた図面から寸法を読み取ることができます。

　地積測量図等は図面によって縮尺が異なりますが、三角スケールがあれば簡単に寸法が測れますので、測定用具として常備します。

　なお、図面が縮小・拡大コピーされている場合は、スケールの縮尺とは相違しますので要注意です。

三角スケール	製図版	製図用三角定規

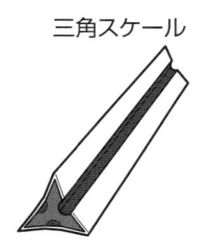 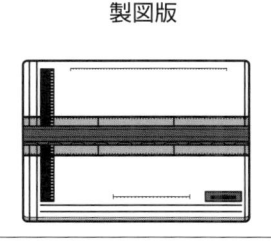 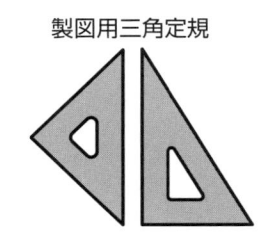

ロ　上記道具を用いて相続税等の財産評価に必要な実際の間口や想定整形地の間口距離並びに想定整形地の奥行距離や計算上の奥行距離等を算出します。

　この場合、地積測量図の縮尺に適合した距離を計算することに注意します。

　上記の各間口・奥行距離等を評価明細書に記入し、土地評価のための計算をします。

■ 簡易測量用メジャーの利用

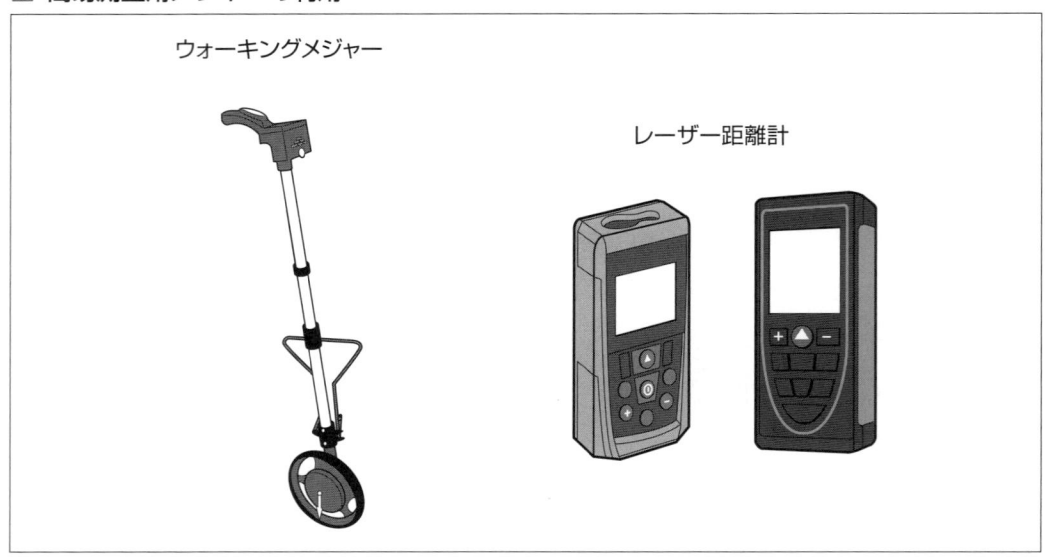

ウォーキングメジャー

レーザー距離計

【参考１】 地積測量図がない場合の附属書類の例

① 写 真

地図等を添付し、接面する道路から対象地が明瞭に分かるよう各方向から撮影したものがよいでしょう。

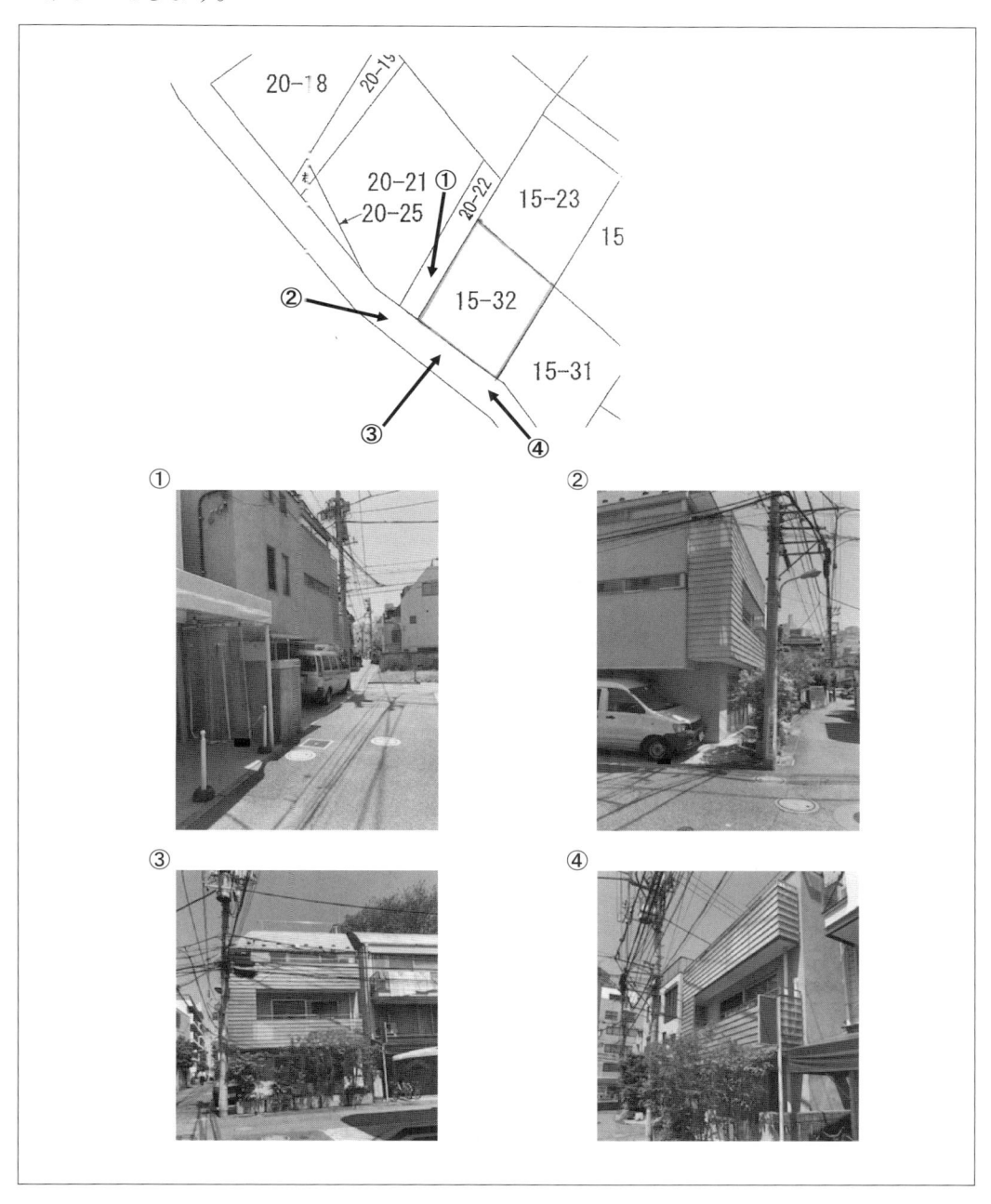

② 路線価図

対象物件が分かるようマークします。

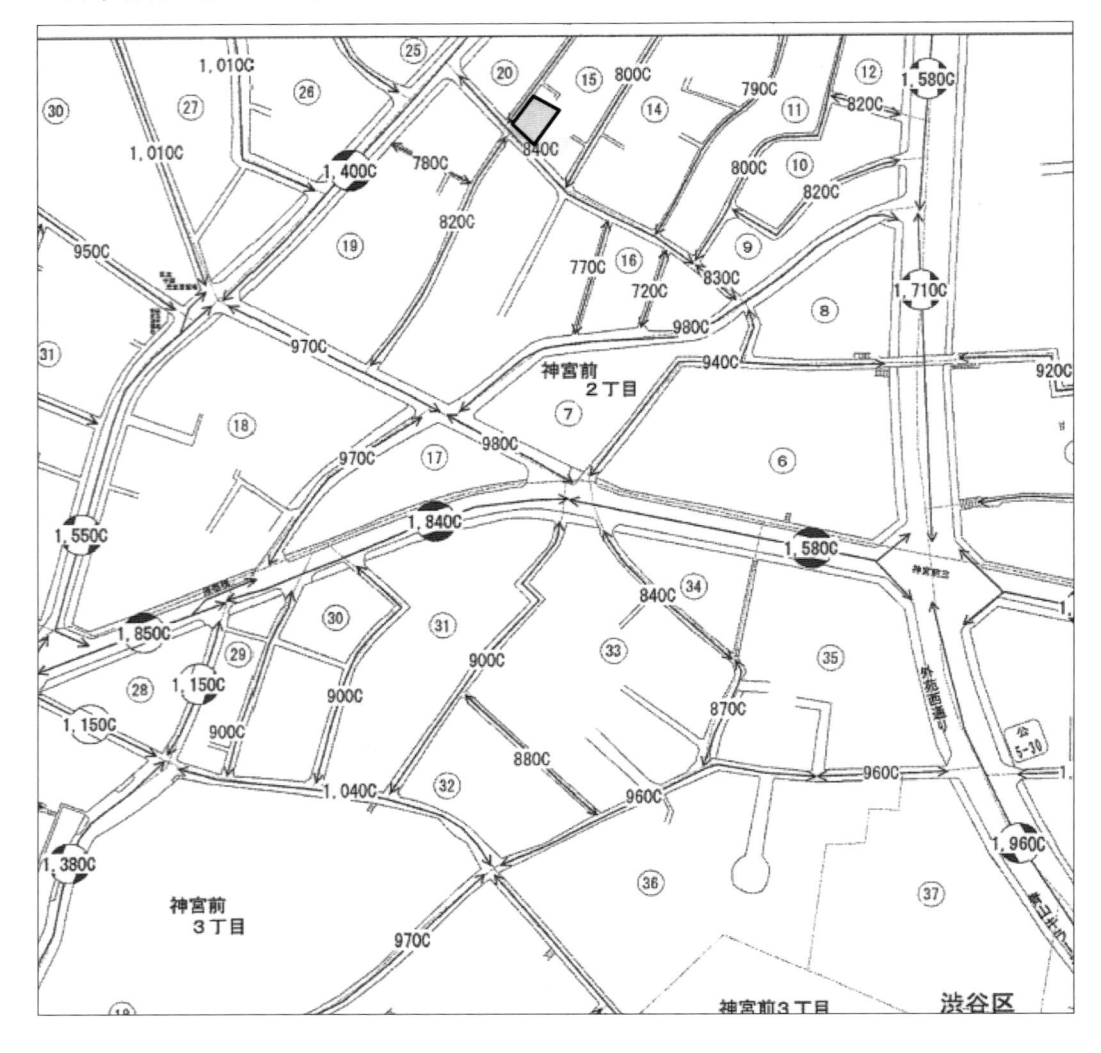

③ 公 図

本件では、地籍測量図がないため、地図に準ずる図面である公図で代用しました。

地積測量図等がない場合、公図ではなく代替として市町村の地番参考図等を入手（入手する地図等はできるだけ精度の高いものとします。）する場合もあります。

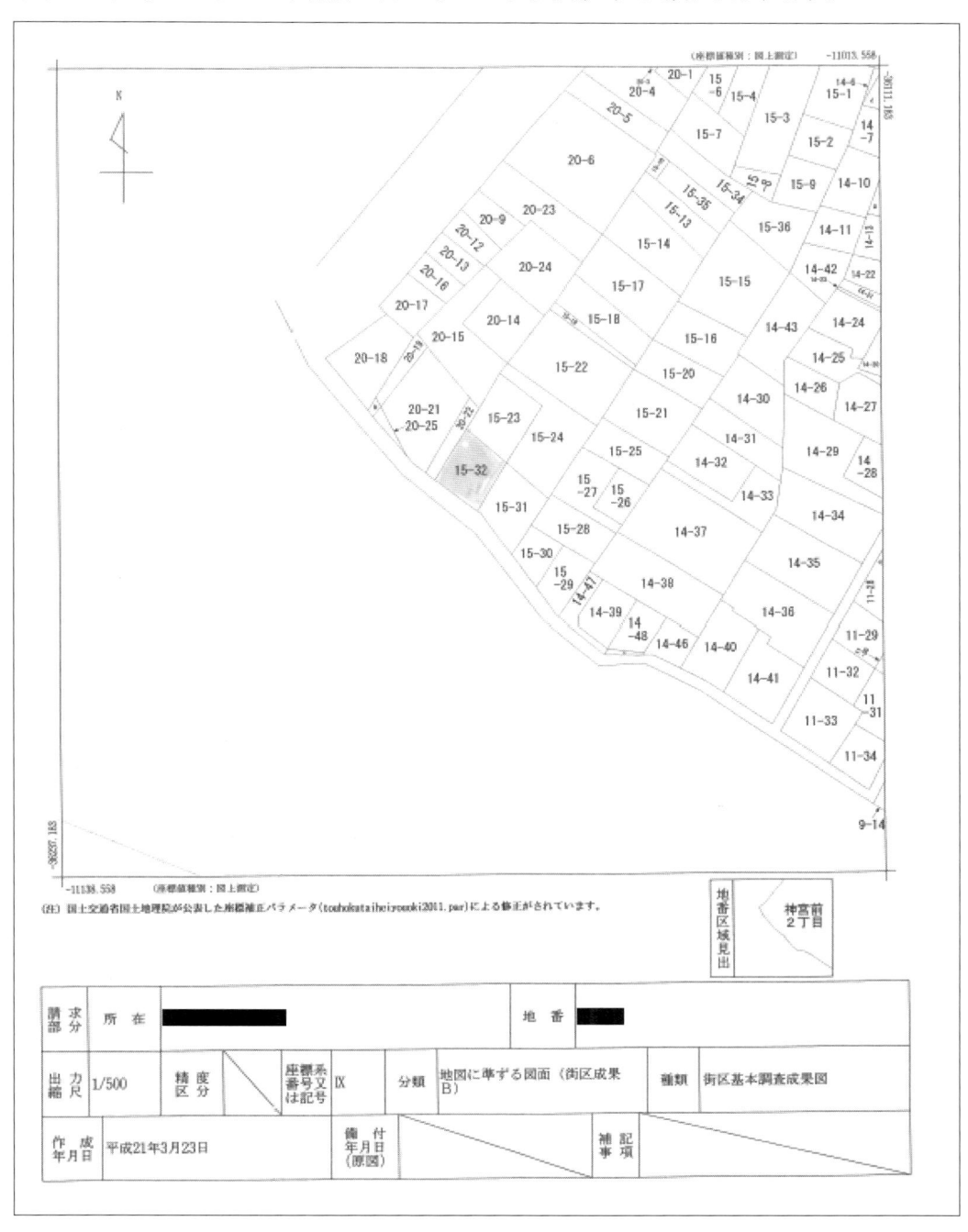

④ 作　図

　本件の場合の簡易測量は、間口と側方をウォーキングメジャー等で測定します。

　評価対象地の形状は四角ですので、正面、側方から奥行価格補正を行い、側方加算を行って評価します。

　調査官から間口、奥行等の測量について質問された場合は、評価対象地の間口等をウォーキングメジャー等で簡易測量し、適切に評価していることをアピールしてください。

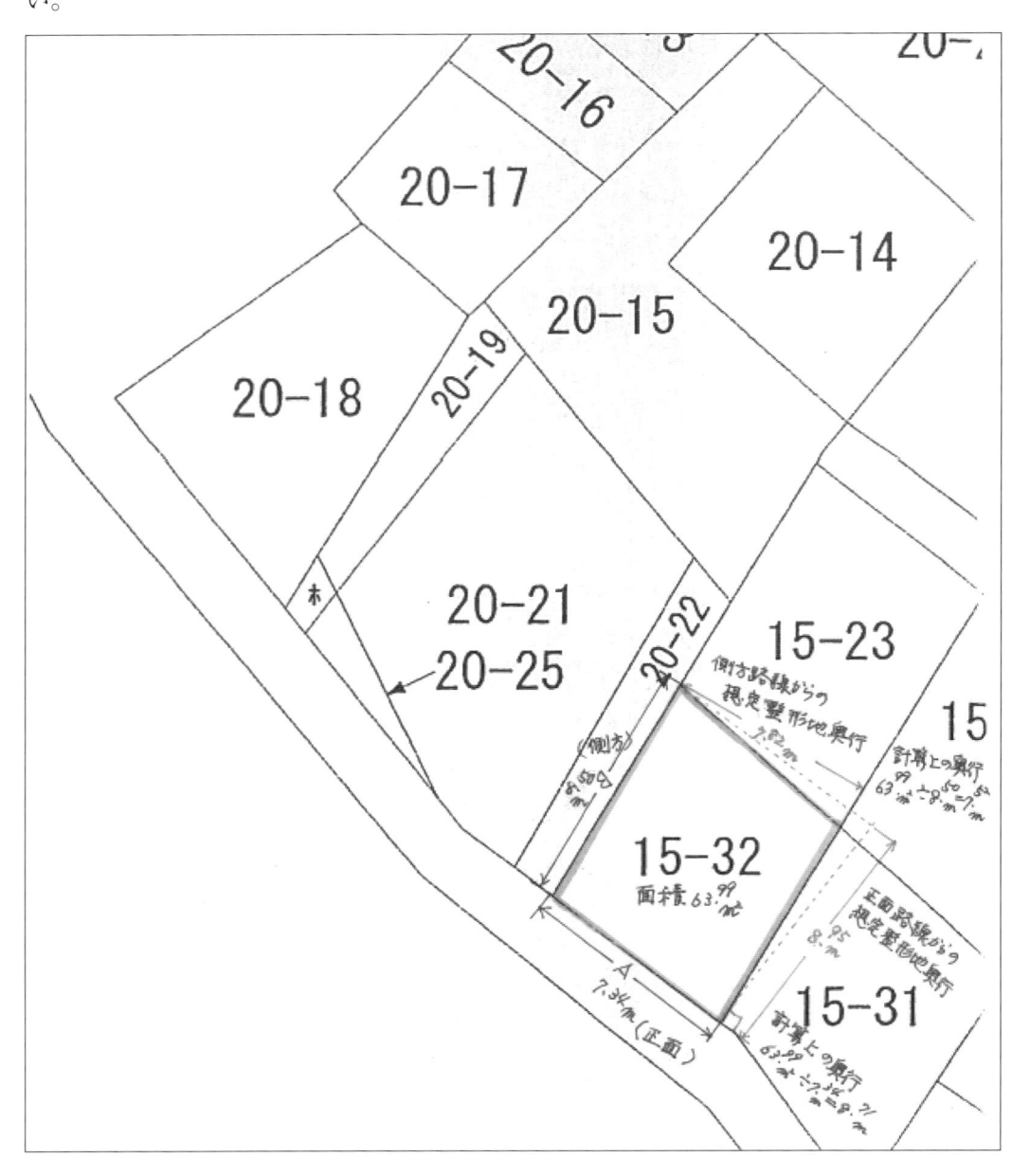

⑤ 土地等評価基礎計表

土地等評価基礎計表は、奥行価格補正率、路線影響加算率、調整率等の根拠を説明する目的で作成します。

奥行価格補正率等について質問された場合は、下表により、適切に計算できていると応答してください。

土地等評価基礎計表

No.		所在地番	東京都渋谷区〇〇〇〇		地積	実測63.99m² （公簿83.40m²）

地区区分	ビル街　**普通住宅**　高度商業　中小工場　繁華街　大工場　普通商業・併用住宅

路線価	正面	840,000円	側方	810,000円	側方	円	裏面	円

距離	A	7.34m	B	8.50m	C	m	D	m
	E	m	F	m	G	m	H	m
	I	m	J	m	K	m	L	m
	M	m	N	m	O	m	P	m

正面	間口距離	7.34m	説明	Aの距離
	奥行距離	8.71m	説明	正面路線間口に対する計算上の奥行距離と想定整形地の奥行距離の短い方を採用　63.99 m²÷7.34m＝8.71m＜8.95m
	奥行価格補正率	0.97		

側方裏面	間口距離	8.50m	説明		Bの距離	
	奥行距離	7.52m	説明		正面路線間口に対する計算上の奥行距離と想定整形地の奥行距離の短い方を採用　63.99 m²÷8.50m＝7.52m＜7.82m	
	奥行価格補正率	0.95	路線影響加算率		0.03	
	調整率		説明			

側方裏面	間口距離	m	説明			
	奥行距離	m	説明	＜	（　　　／　　　）	
	奥行価格補正率		路線影響加算率			
	調整率		説明			

側方裏面	間口距離	m	説明			
	奥行距離	m	説明	＜	（　　　／　　　）	
	奥行価格補正率		路線影響加算率			
	調整率		説明			

土地及び土地の上に存する権利の評価明細書（第1表）

	局（所）	署	年分	ページ

			住　所（所在地）	東京都渋谷区○○○○	使用者	住　所（所在地）	
（住居表示）（2-15-8　）		所有者	氏　名（法人名）			氏　名（法人名）	
所在地番　東京都渋谷区							

（平成三十一年一月分以降用）

地　目	地　積		路　　　線　　　価				
（宅　地）山　林 田　　雑種地 畑　（　　）	㎡ 63.99	正　面 840,000 円	側　方 810,000 円	側　方 円	裏　面 円	地形図及び参考事項	登記地積83.40㎡ 現況課税地積63.99㎡

間口距離	7.34 ｍ	利用区分	自用地　　私　道 貸宅地　貸家建付借地権 貸家建付地　転貸借地権 借地権　（　　）	地区区分	ビル街地区　普通住宅地区 高度商業地区　中小工場地区 繁華街地区　大工場地区 普通商業・併用住宅地区
奥行距離	8.71 ｍ				

				（1㎡当たりの価額）円	
自 用 地 1 平 方 メ ー ト ル 当 た り の 価 額	1　一路線に面する宅地 　　（正面路線価）　　　　　　　　　（奥行価格補正率） 　　840,000 円　×　　　　0.97			814,800	A
	2　二路線に面する宅地 　　　（A）　　　［側方・裏面 路線価］　（奥行価格補正率）　［側方・二方 路線影響加算率］ 　814,800 円　＋　（　810,000 円　×　0.95　×　0.03　）			837,885	B
	3　三路線に面する宅地 　　　（B）　　　［側方・裏面 路線価］　（奥行価格補正率）　［側方・二方 路線影響加算率］ 　　　　円　＋　（　　　円　×　　．　×　　．　）				C
	4　四路線に面する宅地 　　　（C）　　　［側方・裏面 路線価］　（奥行価格補正率）　［側方・二方 路線影響加算率］ 　　　　円　＋　（　　　円　×　　．　×　　．　）				D
	5-1　間口が狭小な宅地等 　　（AからDまでのうち該当するもの）　（間口狭小補正率）　（奥行長大補正率） 　837,885 円　×　（　0.97　×　1.00　）			812,748	E
	5-2　不整形地 　　（AからDまでのうち該当するもの）　　不整形地補正率※ 　　　　円　×　　　0. 　　※不整形地補正率の計算 　（想定整形地の間口距離）（想定整形地の奥行距離）（想定整形地の地積） 　　　7.34 ｍ　×　　8.95 ｍ　＝　65.693 ㎡ 　（想定整形地の地積）（不整形地の地積）（想定整形地の地積）　（かげ地割合） 　（　65.693 ㎡　－　63.99 ㎡　）÷　65.693 ㎡　＝　2.59 ％ 　（不整形地補正率表の補正率）（間口狭小補正率）（小数点以下2位未満切捨て） 　　　0.　　×　　　．　　＝　0.　①　　［不整形地補正率 　（奥行長大補正率）　（間口狭小補正率）　　　　　　　　　（①、②のいずれか低い率、0.6を下限とする。） 　　　0.　　×　　　．　　＝　0.　②　　　　　　　0.				F
	6　地積規模の大きな宅地 　　（AからFまでのうち該当するもの）　規模格差補正率※ 　　　　円　×　　　0. 　　※規模格差補正率の計算 　（地積（Ⓐ））　　（Ⓑ）　　（Ⓒ）　　　（地積（Ⓐ））　（小数点以下2位未満切捨て） 　{（　　㎡×　　＋　　）÷　　㎡}×　0.8　＝　0.				G
	7　無　道　路　地 　　（F又はGのうち該当するもの）　　　　　（※） 　　　　円　×　（　1　－　0.　） 　　※割合の計算（0.4を上限とする。）　　（F又はGのうち該当するもの） 　（正面路線価）　（通路部分の地積）　　　　　（評価対象地の地積） 　　　円　×　　　㎡　÷　（　円　×　　㎡　）＝0.				H
	8-1　がけ地等を有する宅地　　［　南　、　東　、　西　、　北　］ 　　（AからHまでのうち該当するもの）　　（がけ地補正率） 　　　　円　×　　　0.				I
	8-2　土砂災害特別警戒区域内にある宅地 　　（AからHまでのうち該当するもの）　特別警戒区域補正率※ 　　　　円　×　　　0. 　　※がけ地補正率の適用がある場合の特別警戒区域補正率の計算（0.5を下限とする。） 　　　　　　　　　　［　南　、　東　、　西　、　北　］ 　（特別警戒区域補正率表の補正率）　（がけ地補正率）　（小数点以下2位未満切捨て） 　　　0.　　×　　　0.　　＝　0.				J
	9　容積率の異なる2以上の地域にわたる宅地 　　（AからJまでのうち該当するもの）　　　　（控除割合（小数点以下3位未満四捨五入）） 　　　　円　×　（　1　－　0.　）				K
	10　私　　　　道 　　（AからKまでのうち該当するもの） 　　　　円　×　　　0.3				L

自用地の評価額	自用地1平方メートル当たりの価額 （AからLまでのうちの該当記号） （　E　） 812,748 円	地　積 63.99 ㎡	総　　　　　額 （自用地1㎡当たりの価額）×（地　積） 52,007,744 円	M

（注）1　5-1の「間口が狭小な宅地等」と5-2の「不整形地」は重複して適用できません。
　　　2　5-2の「不整形地」の「AからDまでのうち該当するもの」欄の価額について、AからDまでの欄で計算できない場合には、（第2表）の「備考」欄等で計算してください。
　　　3　「がけ地等を有する宅地」であり、かつ、「土砂災害特別警戒区域内にある宅地」である場合については、8-1の「がけ地等を有する宅地」欄ではなく、8-2の「土砂災害特別警戒区域内にある宅地」欄で計算してください。

（資4−25−1−A4統一）

【参考2】 地積測量図がある場合の附属書類の例

① 写 真

　地図等を添付し、接面する三方向の道路から対象地が明瞭に分かるよう各方向から撮影したものがよいでしょう。

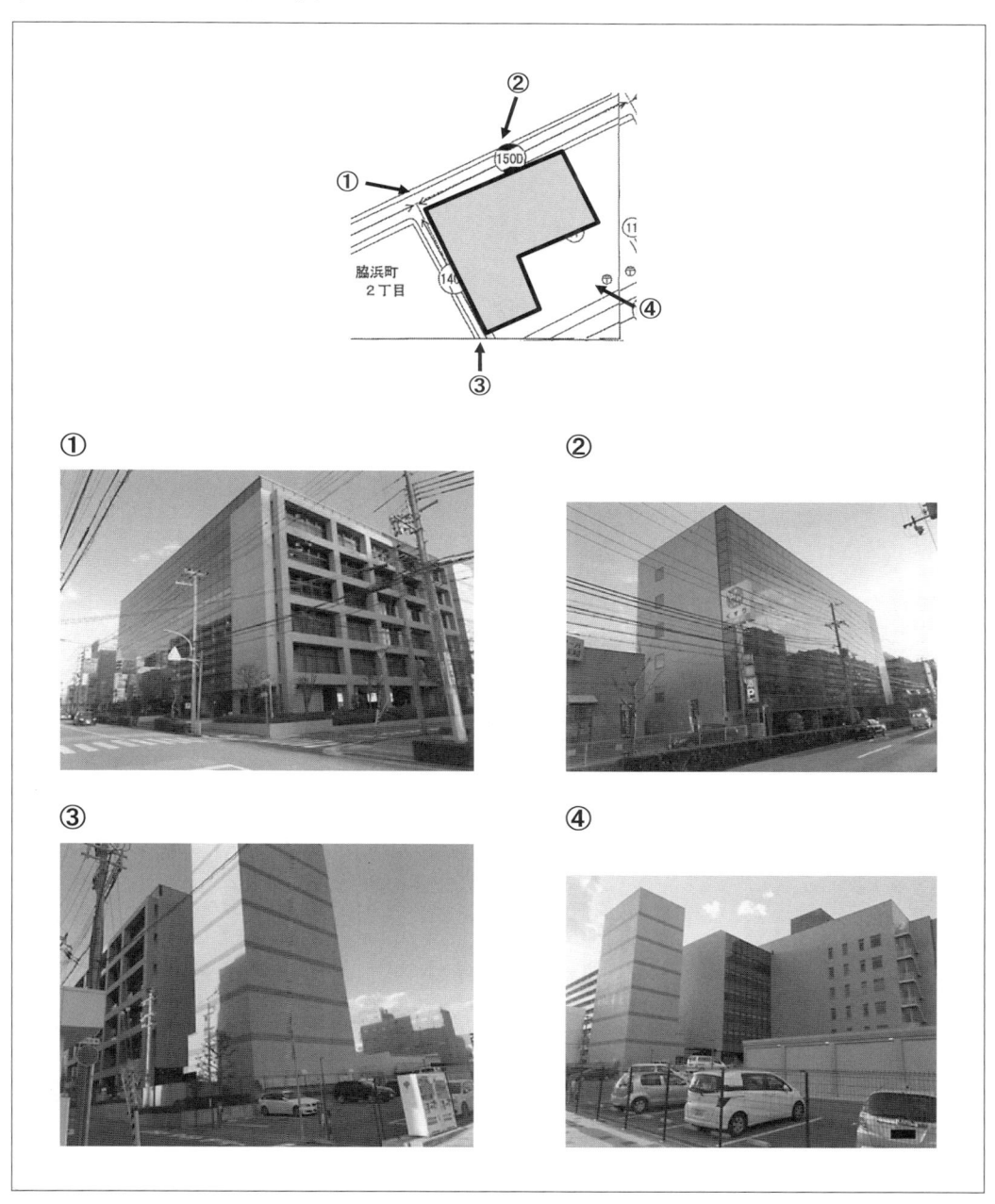

② 路線価図

対象物件が分かるようマークします。

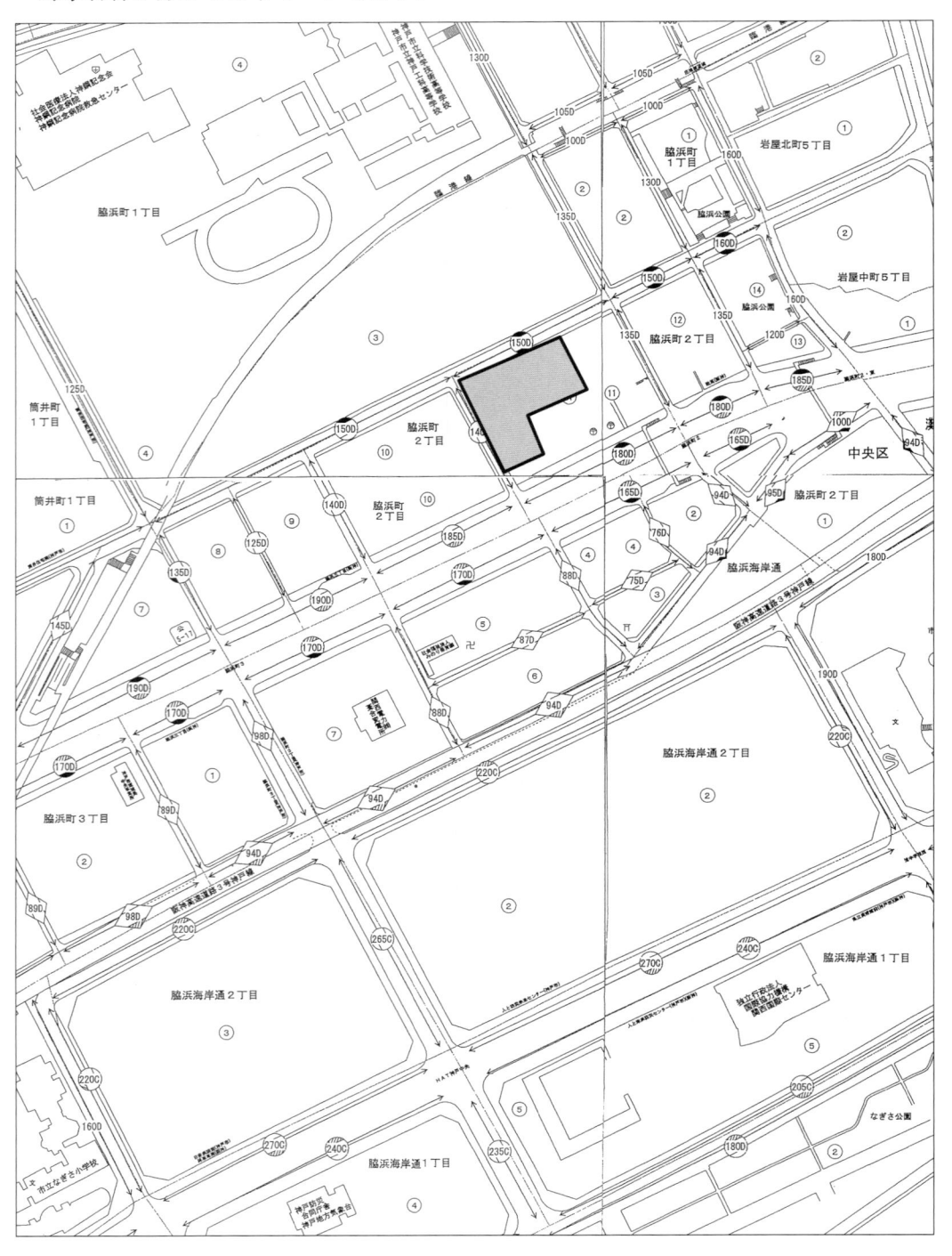

③ 地積測量図

精度の高い地積測量図がありました。

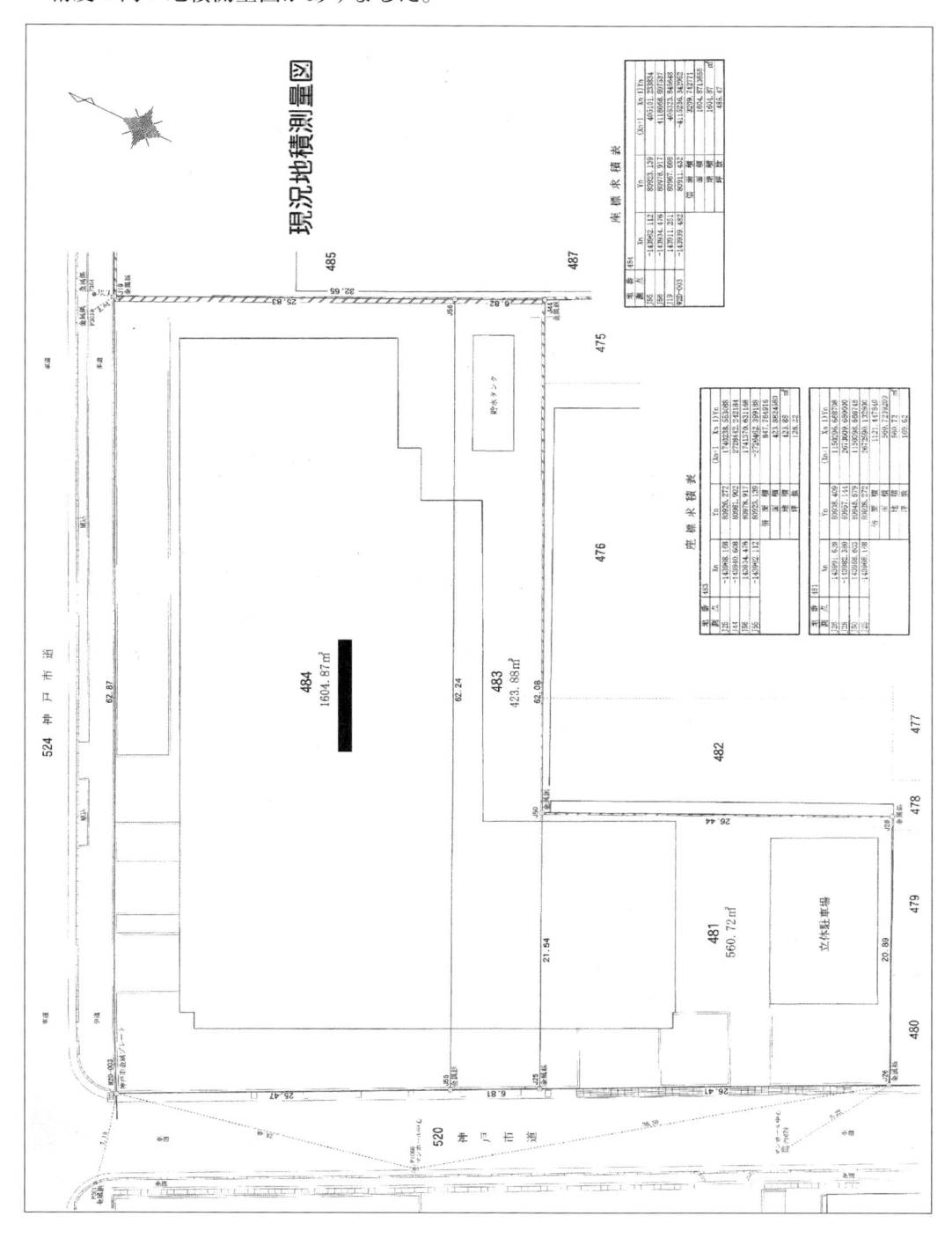

④ 作 図

地積測量図に基づき作図します。

調査官から間口、奥行等について質問された場合は、地積測量図の数値に基づいて適切に評価していることをアピールしてください。

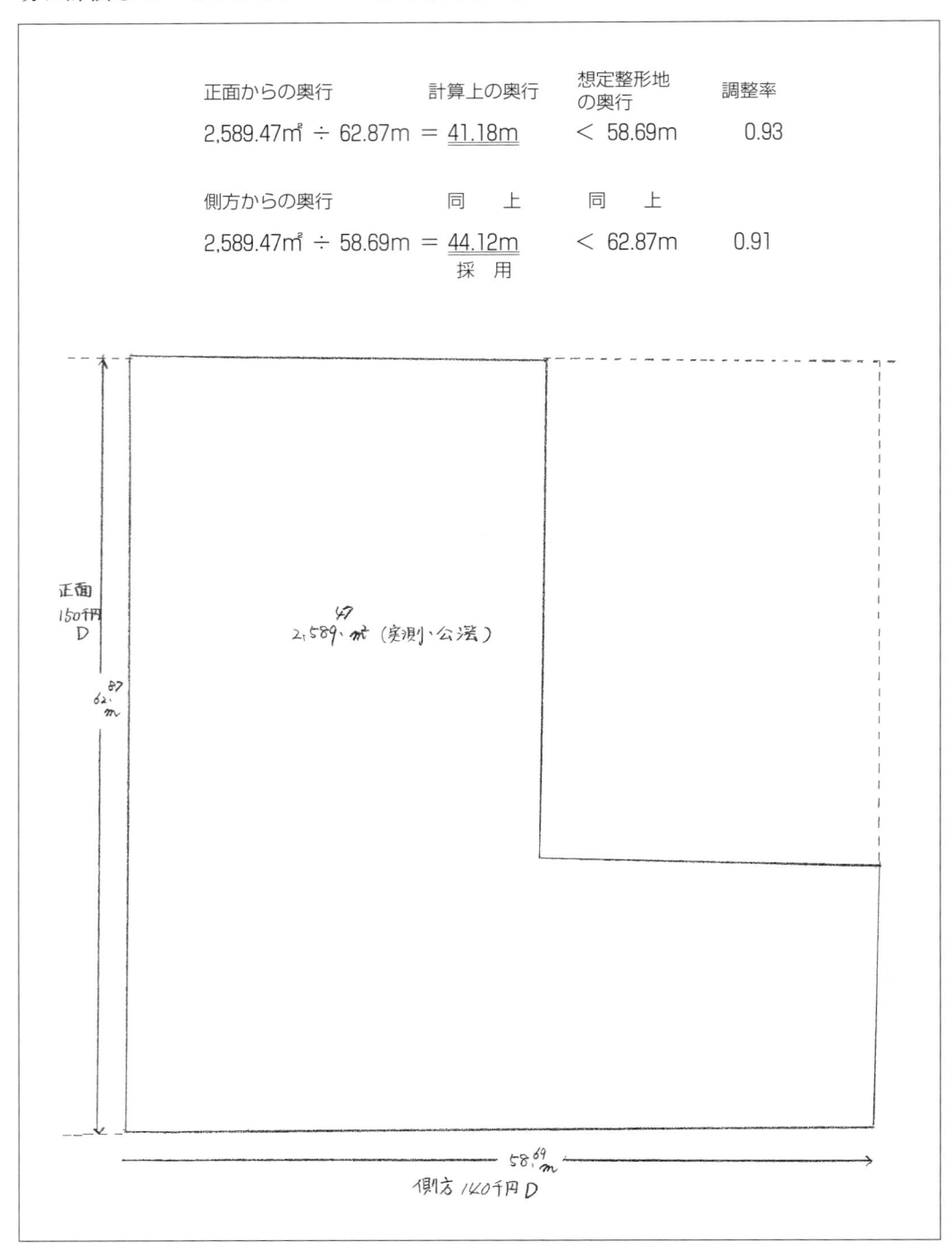

⑤　土地等評価基礎計表

　土地等評価基礎計表は、奥行価格補正率、路線影響加算率、調整率等の根拠を説明する目的で作成します。

　奥行価格補正率等について質問された場合は、下表により、適切に計算できていると応答してください。

土地等評価基礎計表

No.		所在地番	兵庫県神戸市中央区〇〇〇		地積	2589.47㎡

地区区分	ビル街　普通住宅　高度商業　中小工場　繁華街　大工場　(普通商業・併用住宅)

路線価	正面	150,000円	側方	140,000円	側方	円	裏面	円

	A	62.87m	B	62.87m	C	58.69m	D	58.69m
距離	E	62.87m	F		G		H	
	I		J		K		L	
	M		N		O		P	

正面	間口距離	62.87m	説明	Aの距離62.87m
	奥行距離	41.18m	説明	正面路線間口に対する計算上の奥行距離と想定整形地の奥行距離の短い方を採用 （計算上の奥行）　　　（想定整形地の奥行） 2589.47㎡÷62.87m=41.18m　＜　58.69m　短い方41.18mを採用
	奥行価格補正率	0.93		

側方裏面	間口距離	58.69m	説明	Dの距離58.69m
	奥行距離	44.12m	説明	側方路線間口に対する計算上の奥行距離と想定整形地の奥行距離の短い方を採用 （計算上の奥行）　　　（想定整形地の奥行） 2589.47㎡÷58.69m=44.12m　＜　62.87m　短い方44.12mを採用
	奥行価格補正率	0.91		
	路線影響加算率	0.08	説明	
	調整率			

側方裏面	間口距離		説明	
	奥行距離		説明	
	奥行価格補正率			
	路線影響加算率		説明	
	調整率			

側方裏面	間口距離		説明	
	奥行距離		説明	
	奥行価格補正率			
	路線影響加算率		説明	
	調整率			

距離の説明	
A	正面路線間口
B	正面路線の想定整形地の間口
C	正面路線の想定整形地の奥行
D	側方路線の間口
E	側方路線の想定整形地の奥行
F	
G	
H	
I	

⑥　土地及び土地の上に存する権利の評価明細書（第1表）

土地及び土地の上に存する権利の評価明細書（第1表）

| 局（所）　署 | | 年分 | ページ |

（住居表示）（　）	所有者	住所（所在地）		使用者	住所（所在地）	
所在地番　神戸市中央区○○		氏名（法人名）			氏名（法人名）	

地目	地積 ㎡	路線価				地形図及び参考事項
（宅地）山林　田　雑種地　畑（　）	2,589.47	正面 150,000 円	側方 140,000 円	側方 円	裏面 円	

間口距離 62.87 m	利用区分	自用地　私道　貸宅地　貸家建付借地権　貸家建付地　転貸借地権　借地権（　）	地区区分	ビル街地区　普通住宅地区　高度商業地区　中小工場地区　繁華街地区　大工場地区　（普通商業・併用住宅地区）
奥行距離 41.18 m				

							（1㎡当たりの価額）円	
自用地1平方メートル当たりの価額	1 一路線に面する宅地　（正面路線価）（奥行価格補正率） 150,000 円　×　0.93						139,500	A
	2 二路線に面する宅地　(A)　[側方・裏面 路線価]（奥行価格補正率）[側方・二方 路線影響加算率] 139,500 円　+　（ 140,000 円　×　0.91　×　0.08 ）						149,692	B
	3 三路線に面する宅地　(B)　[側方・裏面 路線価]（奥行価格補正率）[側方・二方 路線影響加算率] 円　+　（ 円　×　　×　 ）							C
	4 四路線に面する宅地　(C)　[側方・裏面 路線価]（奥行価格補正率）[側方・二方 路線影響加算率] 円　+　（ 円　×　　×　 ）							D
	5-1 間口が狭小な宅地等　（AからDまでのうち該当するもの）（間口狭小補正率）（奥行長大補正率） 円　×　（　　×　　）							E
	5-2 不整形地　（AからDまでのうち該当するもの）　不整形地補正率※ 149,692 円　×　0.99						148,195	F

※不整形地補正率の計算
（想定整形地の間口距離）62.87 m　（想定整形地の奥行距離）58.69 m　（想定整形地の地積）3,689.8403 ㎡
（想定整形地の地積）3,689.8403 ㎡　－（不整形地の地積）2,589.47 ㎡　÷（想定整形地の地積）3,689.8403 ㎡　＝（かげ地割合）29.82 %
（不整形地補正率表の補正率）0.99　×（間口狭小補正率）1.00　＝　0.99 ①　不整形地補正率（①、②のいずれか低い率、0.6を下限とする。）
（奥行長大補正率）1.00　×（間口狭小補正率）1.00　＝　1.00 ②　→　0.99

| 6 地積規模の大きな宅地　（AからFまでのうち該当するもの）　規模格差補正率※
円　×　0. | | | | | | | | G |

※規模格差補正率の計算
（地積(Ⓐ)）(Ⓑ)　(Ⓒ)　（地積(Ⓐ)）（小数点以下2位未満切捨て）
｛（ ㎡×　＋　 ）÷　 ㎡｝× 0.8 　＝　0.

| 7 無道路地　（F又はGのうち該当するもの）（※）
円　×　（ 1　－　0. ） | | | | | | | | H |

※割合の計算（0.4を上限とする。）（正面路線価）（通路部分の地積）÷（F又はGのうち該当するもの）（評価対象地の地積）
（ 円　×　 ㎡）÷（ 円　×　 ㎡）＝ 0.

| 8-1 がけ地等を有する宅地 〔 南　、　東　、　西　、　北 〕　（AからHまでのうち該当するもの）（がけ地補正率）
円　×　0. | | | | | | | | I |
| 8-2 土砂災害特別警戒区域内にある宅地　（AからHまでのうち該当するもの）　特別警戒区域補正率※
円　×　0. | | | | | | | | J |

※がけ地補正率の適用がある場合の特別警戒区域補正率の計算（0.5を下限とする。）
〔 南　、　東　、　西　、　北 〕
（特別警戒区域補正率表の補正率）0.　×（がけ地補正率）0.　（小数点以下2位未満切捨て）0.

| 9 容積率の異なる2以上の地域にわたる宅地　（AからJまでのうち該当するもの）（控除割合 小数点以下3位未満四捨五入）
円　×　（ 1　－　0. ） | | | | | | | | K |
| 10 私道　（AからKまでのうち該当するもの）
円　×　0.3 | | | | | | | | L |

| 自用地の評価額 | 自用地1平方メートル当たりの価額（AからLまでのうちの該当記号）
（ F ）　148,195 円 | 地積
2,589.47 ㎡ | 総額（自用地1㎡当たりの価額）×（地積）
383,746,506 円 | M |

（注）1　5-1の「間口が狭小な宅地等」と5-2の「不整形地」は重複して適用できません。
　　　2　5-2の「不整形地」の「AからDまでのうち該当するもの」欄の価額について、AからDまでの欄で計算できない場合には、（第2表）の「備考」欄等で計算してください。
　　　3　「がけ地等を有する宅地」であり、かつ、「土砂災害特別警戒区域内にある宅地」である場合については、8-1の「がけ地等を有する宅地」欄ではなく、8-2の「土砂災害特別警戒区域内にある宅地」欄で計算してください。

（資4-25-1-A4統一）

5 地目の判定

　土地等の評価については、地目の判定、宅地の評価単位（1画地）の判定等についても適切に判断して評価する必要があります。

■ 地目別評価のまとめ（財産評価基本通達7-2を中心として）

宅　地	1　1筆で評価するのではなく、自用地や貸家建付地等の利用の単位となっている1区画の宅地（1画地の宅地）を評価単位とします。 （理由） 　土地の取引は通常1利用単位ごとに行われ、その取引価格は1利用単位を基に形成されていますので、1利用単位すなわち1画地ごとに土地の時価を評価することが相当とされています。 2　「1画地の宅地」は、必ずしも1筆の宅地からなるとは限らず、2筆以上の宅地からなる場合もあり、1筆の宅地が2画地以上の宅地として利用されている場合もあります。
田　畑	1　原則 　1枚の農地（耕作の単位となっている1区画の農地を言う。）を評価単位とします。 2　例外 　1枚の農地ではなく、利用の単位となっている一団の農地を評価単位とする場合 　①　宅地に比準して評価する市街地農地及び市街地周辺農地 　（注）　詳細は、国税庁ホームページの質疑応答事例「土地の評価単位ー市街地農地等」を参照してください。 　②　広大な市街地農地 　③　生産緑地 3　「1枚の農地」は、必ずしも1筆の農地からなるとは限らず、2筆以上の農地からなる場合もあり、また、1筆の農地が2枚以上の農地として利用されている場合もあります。

山林、原野、牧場及び池沼	1 原則 　1筆の山林・原野を評価単位とします。 2 例外 　1筆の山林原野ではなく利用の単位となっている一団の山林・原野を評価単位とする場合 ① 宅地に比準して評価する市街地山林・原野 ② 広大な市街地山林・原野
鉱泉地	原則として、1筆の鉱泉地を評価単位とします。
雑種地	1 原則 　利用の単位となっている一団の雑種地を評価単位とします。 2 例外 　市街化調整区域以外の都市計画区域で市街地的形態を形成する地域において、宅地と状況が類似する雑種地のいずれかが2以上の評価単位により一団となっており、その形状、地積の大小、位置等からみてこれらを一団として評価することが合理的と認められる場合には、その一団の雑種地ごとに評価します。 3 いずれの用にも供されていない一団の雑種地については、その全体を「利用の単位となっている一団の雑種地」とします。

■ **参考　不動産登記事務取扱手続準則**

（地目）

第68条　次の各号に掲げる地目は、当該各号に定める土地について定めるものとする。この場合には、土地の現況及び利用目的に重点を置き、部分的にわずかな差異の存するときでも、土地全体としての状況を観察して定めるものとする。

一　田　　農耕地で用水を利用して耕作する土地
二　畑　　農耕地で用水を利用しないで耕作する土地
三　宅地　　建物の敷地及びその維持若しくは効用を果すために必要な土地
四　学校用地　　校舎、附属施設の敷地及び運動場

五　鉄道用地　　鉄道の駅舎、附属施設及び路線の敷地

六　塩田　　海水を引き入れて塩を採取する土地

七　鉱泉地　　鉱泉（温泉を含む。）の湧出口及びその維持に必要な土地

八　池沼　　かんがい用水でない水の貯留池

九　山林　　耕作の方法によらないで竹木の生育する土地

十　牧場　　家畜を放牧する土地

十一　原野　　耕作の方法によらないで雑草、かん木類の生育する土地

十二　墓地　　人の遺体又は遺骨を埋葬する土地

十三　境内地　　境内に属する土地であって、宗教法人法（昭和26年法律第126号）第3条第2号及び第3号に掲げる土地（宗教法人の所有に属しないものを含む。）

十四　運河用地　　運河法（大正2年法律第16号）第12条第1項第1号又は第2号に掲げる土地

十五　水道用地　　専ら給水の目的で敷設する水道の水源地、貯水池、ろ水場又は水道線路に要する土地

十六　用悪水路　　かんがい用又は悪水はいせつ用の水路

十七　ため池　　耕地かんがい用の用水貯留池

十八　堤　　防水のために築造した堤防

十九　井溝　　田畝又は村落の間にある通水路

二十　保安林　　森林法（昭和26年法律第249号）に基づき農林水産大臣が保安林として指定した土地

二十一　公衆用道路　　一般交通の用に供する道路（道路法（昭和27年法律第180号）による道路であるかどうかを問わない。）

二十二　公園　　公衆の遊楽のために供する土地

二十三　雑種地　　以上のいずれにも該当しない土地

（地目の認定）

第69条　土地の地目は、次に掲げるところによって定めるものとする。

一　牧草栽培地は、畑とする。

二　海産物を乾燥する場所の区域内に永久的設備と認められる建物がある場合には、その敷地の区域に属する部分だけを宅地とする。

三　耕作地の区域内にある農具小屋等の敷地は、その建物が永久的設備と認めら

れるものに限り、宅地とする。

四　牧畜のために使用する建物の敷地、牧草栽培地及び林地等で牧場地域内にあるものは、すべて牧場とする。

五　水力発電のための水路又は排水路は、雑種地とする。

六　遊園地、運動場、ゴルフ場又は飛行場において、建物の利用を主とする建物敷地以外の部分が建物に附随する庭園に過ぎないと認められる場合には、その全部を一団として宅地とする。

七　遊園地、運動場、ゴルフ場又は飛行場において、一部に建物がある場合でも、建物敷地以外の土地の利用を主とし、建物はその附随的なものに過ぎないと認められるときは、その全部を一団として雑種地とする。ただし、道路、溝、堀その他により建物敷地として判然区分することができる状況にあるものは、これを区分して宅地としても差し支えない。

八　競馬場内の土地については、事務所、観覧席及びきゅう舎等永久的設備と認められる建物の敷地及びその附属する土地は宅地とし、馬場は雑種地とし、その他の土地は現況に応じてその地目を定める。

九　テニスコート又はプールについては、宅地に接続するものは宅地とし、その他は雑種地とする。

十　ガスタンク敷地又は石油タンク敷地は、宅地とする。

十一　工場又は営業場に接続する物干場又はさらし場は、宅地とする。

十二　火葬場については、その構内に建物の設備があるときは構内全部を宅地とし、建物の設備のないときは雑種地とする。

十三　高圧線の下の土地で他の目的に使用することができない区域は、雑種地とする。

十四　鉄塔敷地又は変電所敷地は、雑種地とする。

十五　坑口又はやぐら敷地は、雑種地とする。

十六　製錬所の煙道敷地は、雑種地とする。

十七　陶器かまどの設けられた土地については、永久的設備と認められる雨覆いがあるときは宅地とし、その設備がないときは雑種地とする。

十八　木場（木ぼり）の区域内の土地は、建物がない限り、雑種地とする。

6 宅地の評価単位（1画地の判定）

　相続税等の宅地の評価を行う際に、重要な基本は、まず、宅地のどこを区切って評価するかということです。

① 宅地の評価単位

　宅地の場合は、宅地の評価単位である1画地の宅地（利用の単位となっている1区画の宅地をいう。）判定について、国税庁ホームページでは、次のように示しています。

■ 宅地の評価単位（国税庁「質疑応答事例」より）

> 　宅地の価額は、1画地の宅地（利用の単位となっている1区画の宅地をいう。）ごとに評価します。
>
> 　この場合における「1画地の宅地」の判定は、原則として、①宅地の所有者による自由な使用収益を制約する他者の権利（原則として使用貸借による使用借権を除く。）の存在の有無により区分し、②他者の権利が存在する場合には、その権利の種類及び権利者の異なるごとに区分するので、具体的には、例えば次のように判定します。
>
> 　なお、贈与、遺産分割等による宅地の分割が親族間等で行われた場合において、例えば分割後の画地が宅地として通常の用途に供することができないなどその分割が著しく不合理であると認められるときは、その分割前の画地を「1画地の宅地」とします。
>
> (1)　所有する宅地を自ら使用している場合には、居住の用か事業の用かにかかわらず、その全体を1画地の宅地とする。
>
> (2)　所有する宅地の一部について普通借地権又は定期借地権等を設定させ、他の部分を自己が使用している場合には、それぞれの部分を1画地の宅地とする。一部を貸家の敷地、他の部分を自己が使用している場合にも同様とする。
>
> (3)　所有する宅地の一部について普通借地権又は定期借地権等を設定させ、他の部分を貸家の敷地の用に供している場合には、それぞれの部分を1画地の宅地とする。
>
> (4)　普通借地権又は定期借地権等の目的となっている宅地を評価する場合において、貸付先が複数であるときには、同一人に貸し付けられている部分ごとに1画地の宅地とする。
>
> (5)　貸家建付地を評価する場合において、貸家が数棟あるときには、原則として、

各棟の敷地ごとに1画地の宅地とする。

(6) 2以上の者から隣接している土地を借りて、これを一体として利用している場合には、その借主の普通借地権又は定期借地権等の評価に当たっては、その全体を1画地として評価する。この場合、貸主側の貸宅地の評価に当たっては、各貸主の所有する部分ごとに区分して、それぞれを1画地の宅地として評価する。

(7) 共同ビルの敷地の用に供されている宅地は、その全体を1画地の宅地として評価する。

■ (参考) 土地の評価単位で必要な用語集

「一団」…土地が接して一まとまりとなっているなど、物理的な一体性を有し、一つの目的のために利用することが可能な土地をいいます。

「一体」…一つにまとまっている土地のことをいいます。

「筆」 …土地を登記するため、単位となる土地をいいます。

「画地」…利用又は取引の観点から見て地理的にまとまりのある土地の単位をいいます。

「区画」…区画とはいくつかの部分に区切った土地のことをいいます。

② 市街地農地や市街地周辺農地の評価単位

宅地の評価のほか、市街地農地や市街地周辺農地については、宅地の評価に準ずる「宅地比準方式」により評価するため、1枚とか1筆ごとといった評価単位よらず、宅地と同様に「利用の単位」となっている一団の農地を評価単位とします。

ここでいう「利用の単位」は、上記宅地と同様な考え方となります。

7 財産評価基本通達における土地評価の定め

　相続税等の土地評価では、財産評価基本通達の定めにより、道路に宅地 1 m² 当たりの価格を表示し、これに基づいて道路に接面する宅地を評価する「路線価方式」、又は固定資産税評価額に評価倍率を乗ずる「倍率方式」により評価します。

(1)　宅地評価の概要

　宅地の価額は利用の単位となっている 1 区画の宅地、すなわち 1 画地ごとに評価することとされています。

　宅地の評価方式には、路線価方式と倍率方式があります。

（路線価方式）

路線価　×　画地調整率　×　地積

　路線価は、路線価図（次ページ参照）により確認します。

　画地調整率は、画地調整率表（185 ～ 189ページ参照）により確認します。

（倍率方式）

固定資産税評価額　×　評価倍率

　評価倍率は、評価倍率表（182ページ）により確認します。

(2)　路線価図の見方

　「路線価」は、宅地の価額がおおむね同一と認められる一連の宅地が面している路線（不特定多数の者の通行の用に供されている道路をいう。以下同じ。）ごとに設定されています。

■ 参考　路線価が設定されている道路

> ①　通り抜けできる道路（何ら制約を設けず広く一般公衆の通行の用に供されているもの）
>
> 　（注）路線価の設定されている道路は、公道と私道の区別を問いません。
>
> ②　行止まり道路のうちで現実の利用状況が極めて公共性の高いもの
>
> 　（注）行止まり道路には、通常、路線価は設定されません。

■ 路線価図の見方（国税庁ホームページ「路線価図の説明」より）

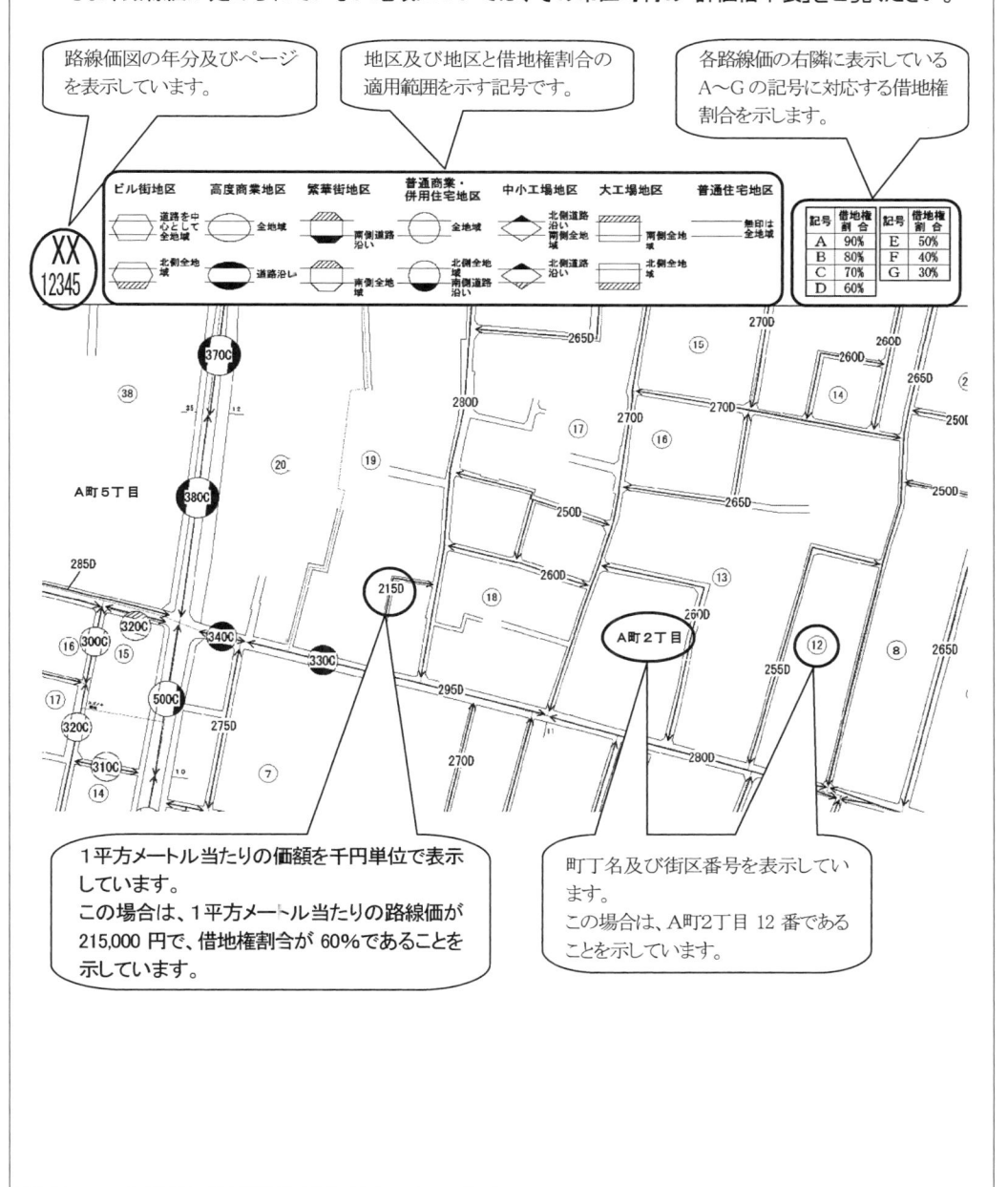

路線価図の説明

　路線価は、路線（道路）に面する標準的な宅地の1平方メートル当たりの価額（千円単位で表示しています。）のことであり、路線価が定められている地域の土地等を評価する場合に用います。

　なお、路線価が定められていない地域については、その市区町村の「評価倍率表」をご覧ください。

(3) 評価倍率表の見方 （国税庁ホームページ「評価倍率表の説明」より）

評価倍率表 （一般の土地等用） の説明

　評価倍率は、路線価が定められていない地域の土地等を評価する場合に用います。

1　「町（丁目）又は大字名」欄

　　「町（丁目）又は大字名」欄には、市区町村ごとに、町（丁目）又は大字名を五十音順に記載しています。

2　「適用地域名」欄

　　「適用地域名」欄に、「全域」とある場合には、その町（丁目）又は大字の全域が路線価地域又は倍率地域であることを示しています。

　　また、「一部」又は「路線価地域」とある場合には、その町（丁目）又は大字の地域に路線価地域と倍率地域が存在することを示しています。

　　したがって、この場合には、路線価図により、その評価しようとする土地等が路線価地域又は倍率地域のいずれに所在するかを確認する必要があります。

　〔掲載例〕

市区町村名：○○○市 　　　　　　　　　　　　　　　　　　　　　　　　　　　○○○税務署

音順	町（丁目）又は大字名	適　用　地　域　名	借地権割合	固定資産税評価額に乗ずる倍率等						
				宅地	田	畑	山林	原野	牧場	池沼
			％	倍	倍	倍	倍	倍	倍	倍
あ	旭町	全域	―	路線	比準	比準	比準	比準		
	東町	全域	―	路線	比準	比準	比準	比準		
	暁町1丁目	全域	―	路線	比準	比準	比準	比準		
	暁町2丁目	全域	―	路線	比準	比準	比準	比準		
	暁町3丁目	全域	60	1.1	比準	比準	比準	比準		
い	石川町	一部	―	路線	比準	比準	比準	比準		
		上記以外の地域	60	1.1	比準	比準	比準	比準		

3　「借地権割合」欄

　　「借地権割合」欄には、倍率地域におけるその町（丁目）又は大字の地域につき、「借地権」の価額を評価する場合の借地権割合を掲げています。

（注）路線価地域の借地権割合については、路線価図を参照してください。

　　　なお、例えば路線価地域で２路線以上に面する場合の借地権割合又は路線価地域と倍率地域が接続する地域の借地権割合は、原則として、路線価地域の正面路線価に表示してある借地権割合によります。

4　「宅地」欄

　　「宅地」欄には、その町（丁目）又は大字の地域の「宅地」の価額を評価する場合における固定資産税評価額に乗ずる倍率を記載していますが、「路線」と表示してあるのは、その地域が路線価地域であることを示しています。

　　ただし、農用地区域又は市街化調整区域内に存する農業用施設用地の価額は、財産評価基本通達24－5（農業用施設用地の評価）の定めによって評価します。

5　「田」、「畑」欄

　　「田」、「畑」欄には、その地域の「田」、「畑」の価額を評価する場合における農地の分類、評価方式及び固定資産税評価額に乗ずる倍率を記載しています。

　　なお、農地の分類等は、次に掲げる略称を用いて記載しています。

　　　　　（農地の分類等）　　　　　　　　（略称）
　　　　　純　　農　　地　……………………………　純
　　　　　中　間　農　地　……………………………　中
　　　　　市街地周辺農地　……………………………周比準
　　　　　市　街　地　農　地　……………………………比　準　又は　市比準
　　　　（注）　「比準」、「市比準」及び「周比準」と表示してある地域は、付近の宅地の価額に比準（「宅地比準方式」という。）して評価する地域です。以下、山林及び原野についても同様です。

6　「山林」欄

　　「山林」欄には、その地域の「山林」の価額を評価する場合における山林の分類、評価方式及び固定資産税評価額に乗ずる倍率を記載しています。

　　なお、山林の分類等は、次に掲げる略称を用いて記載しています。

　　　　　（山林の分類等）　　　　　　　　（略称）
　　　　　純　　山　　林　……………………………　純
　　　　　中　間　山　林　……………………………　中
　　　　　市　街　地　山　林　……………………………比　準　又は　市比準

7　「原野」欄

　　「原野」欄には、その地域の「原野」の価額を評価する場合における原野の分類、評価方式及び固定資産税評価額に乗ずる倍率を記載しています。

なお、原野の分類等は、次に掲げる略称を用いて記載しています。

(原野の分類等)	(略称)
純　原　野　…………………………	純
中　間　原　野　…………………………	中
市　街　地　原　野　…………………………	比　準　又は　市比準

8　「牧場」及び「池沼」欄

　「牧場」及び「池沼」欄には、その地域の「牧場」及び「池沼」の価額を評価する場合における評価方式及び固定資産税評価額に乗ずる倍率を記載しています。

〔掲載例〕

市区町村名：○○○町　　　　　　　　　　　　　　　　　　　　　　　○○○税務署

音順	町（丁目）又は大字名	適　用　地　域　名	借地権割合	固定資産税評価額に乗ずる倍率等						
				宅地	田	畑	山林	原野	牧場	池沼
			％	倍	倍	倍	倍	倍	倍	倍
ね	根小屋	上記以外の地域	40	1.1	中 90	中 113	純 48	純 48		
ま	又野	農業振興地域内の農用地区域			純 34	純 54				
		上記以外の地域	40	1.1	純 48	純 67	純 46	純 46		
み	三ケ木	用途地域の指定されている地域	—	路線	周比準	周比準	比準	比準		
		農業振興地域内の農用地区域			純 55	純 79				

〔計算例〕

(固定資産税評価額)	(倍率)	(評価額)
10,000,000 円	×　　1.1　　=	11,000,000 円

※　固定資産税評価額は、都税事務所や市（区）役所又は町村役場で確認してください。

⑷ 画地調整率表

付表1

奥行価格補正率表（昭45直資3−13・平3課評2−4外・平18課評2−27外・平29課評2−46外改正）

奥行距離（メートル）	ビル街地区	高度商業地区	繁華街地区	普通商業・併用住宅地区	普通住宅地区	中小工場地区	大工場地区
4未満	0.80	0.90	0.90	0.90	0.90	0.85	0.85
4以上6未満		0.92	0.92	0.92	0.92	0.90	0.90
6 〃 8 〃	0.84	0.94	0.95	0.95	0.95	0.93	0.93
8 〃 10 〃	0.88	0.96	0.97	0.97	0.97	0.95	0.95
10 〃 12 〃	0.90	0.98	0.99	0.99	1.00	0.96	0.96
12 〃 14 〃	0.91	0.99	1.00	1.00		0.97	0.97
14 〃 16 〃	0.92	1.00				0.98	0.98
16 〃 20 〃	0.93					0.99	0.99
20 〃 24 〃	0.94					1.00	1.00
24 〃 28 〃	0.95				0.97		
28 〃 32 〃	0.96		0.98		0.95		
32 〃 36 〃	0.97		0.96	0.97	0.93		
36 〃 40 〃	0.98		0.94	0.95	0.92		
40 〃 44 〃	0.99		0.92	0.93	0.91		
44 〃 48 〃	1.00		0.90	0.91	0.90		
48 〃 52 〃		0.99	0.88	0.89	0.89		
52 〃 56 〃		0.98	0.87	0.88	0.88		
56 〃 60 〃		0.97	0.86	0.87	0.87		
60 〃 64 〃		0.96	0.85	0.86	0.86	0.99	
64 〃 68 〃		0.95	0.84	0.85	0.85	0.98	
68 〃 72 〃		0.94	0.83	0.84	0.84	0.97	
72 〃 76 〃		0.93	0.82	0.83	0.83	0.96	
76 〃 80 〃		0.92	0.81	0.82			
80 〃 84 〃		0.90	0.80	0.81	0.82	0.93	
84 〃 88 〃		0.88		0.80			
88 〃 92 〃		0.86			0.81	0.90	
92 〃 96 〃	0.99	0.84					
96 〃 100 〃	0.97	0.82					
100 〃	0.95	0.80			0.80		

付表 2

側方路線影響加算率表 （平 3 課評 2 － 4 外・平18課評 2 －27外改正）

地区区分	加算率	
	角地の場合	準角地の場合
ビル街地区	0.07	0.03
高度商業地区 繁華街地区	0.10	0.05
普通商業・併用住宅地区	0.08	0.04
普通住宅地区 中小工場地区	0.03	0.02
大工場地区	0.02	0.01

（注）準角地とは、次図のように一系統の路線の屈折部の内側に位置するものをいう。

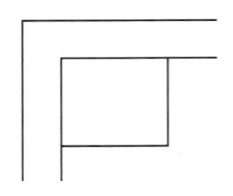

付表 3

二方路線影響加算率表 （平 3 課評 2 － 4 外・平18課評 2 －27外改正）

地区区分	加算率
ビル街地区	0.03
高度商業地区 繁華街地区	0.07
普通商業・併用住宅地区	0.05
普通住宅地区 中小工場地区 大工場地区	0.02

付表4

地積区分表 （平11課評2−12外追加・平18課評2−27外改正）

地区区分 ＼ 地積区分	A	B	C
高度商業地区	1,000m²未満	1,000m²以上 1,500m²未満	1,500m²以上
繁華街地区	450m²未満	450m²以上 700m²未満	700m²以上
普通商業・併用住宅地区	650m²未満	650m²以上 1,000m²未満	1,000m²以上
普通住宅地区	500m²未満	500m²以上 750m²未満	750m²以上
中小工場地区	3,500m²未満	3,500m²以上 5,000m²未満	5,000m²以上

付表5

不整形地補正率表 （平11課評2−12外追加・平18課評2−27外改正）

地区区分 地積区分 かげ地割合	高度商業地区、繁華街地区、普通商業・併用住宅地区、中小工場地区 A	B	C	普通住宅地区 A	B	C
10%以上	0.99	0.99	1.00	0.98	0.99	0.99
15% 〃	0.98	0.99	0.99	0.96	0.98	0.99
20% 〃	0.97	0.98	0.99	0.94	0.97	0.98
25% 〃	0.96	0.98	0.99	0.92	0.95	0.97
30% 〃	0.94	0.97	0.98	0.90	0.93	0.96
35% 〃	0.92	0.95	0.98	0.88	0.91	0.94
40% 〃	0.90	0.93	0.97	0.85	0.88	0.92
45% 〃	0.87	0.91	0.95	0.82	0.85	0.90
50% 〃	0.84	0.89	0.93	0.79	0.82	0.87
55% 〃	0.80	0.87	0.90	0.75	0.78	0.83
60% 〃	0.76	0.84	0.86	0.70	0.73	0.78
65% 〃	0.70	0.75	0.80	0.60	0.65	0.70

（注）
1 不整形地の地区区分に応ずる地積区分は、付表4「地積区分表」による。
2 かげ地割合は次の算式により計算した割合による。

$$「かげ地割合」＝\frac{想定整形地の地積－不整形地の地積}{想定整形地の地積}$$

3 間口狭小補正率の適用がある場合においては、この表により求めた不整形地補正率に間口狭小補正率を乗じて得た数値を不整形地補正率とする。ただし、その最小値はこの表に定める不整形地補正率の最小値（0.60）とする。

また、奥行長大補正率の適用がある場合においては、選択により、不整形地補正率を適用せず、間口狭小補正率に奥行長大補正率を乗じて得た数値によって差し支えない。

4　大工場地区にある不整形地については、原則として不整形地補正を行わないが、地積がおおむね9,000平方メートル程度までのものについては、付表4「地積区分表」及びこの表に掲げる中小工場地区の区分により不整形地としての補正を行って差し支えない。

付表6

間口狭小補正率表（昭45直資3−13・平3課評2−4外・平18課評2−27外改正）

間口距離（メートル） ＼ 地区区分	ビル街地区	高度商業地区	繁華街地区	普通商業・併用住宅地区	普通住宅地区	中小工場地区	大工場地区
4 未満	−	0.85	0.90	0.90	0.90	0.80	0.80
4以上6未満	−	0.94	1.00	0.97	0.94	0.85	0.85
6 〃　　8 〃	−	0.97		1.00	0.97	0.90	0.90
8 〃　　10 〃	0.95	1.00			1.00	0.95	0.95
10 〃　　16 〃	0.97					1.00	0.97
16 〃　　22 〃	0.98						0.98
22 〃　　28 〃	0.99						0.99
28 〃	1.00						1.00

付表7

奥行長大補正率表（昭45直資3−13・平3課評2−4外改正）

奥行距離 間口距離 ＼ 地区区分	ビル街地区	高度商業地区 繁華街地区 普通商業・併用住宅地区	普通住宅地区	中小工場地区	大工場地区
2以上3未満	1.00	1.00	0.98	1.00	1.00
3 〃　　4 〃		0.99	0.96	0.99	
4 〃　　5 〃		0.98	0.94	0.98	
5 〃　　6 〃		0.96	0.92	0.96	
6 〃　　7 〃		0.94	0.90	0.94	
7 〃　　8 〃		0.92		0.92	
8 〃		0.90		0.90	

付表8

がけ地補正率表 （平3課評2-4外・平11課評2-12外改正）

がけ地地積／総地積　がけ地の方位	南	東	西	北
0.10以上	0.96	0.95	0.94	0.93
0.20 〃	0.92	0.91	0.90	0.88
0.30 〃	0.88	0.87	0.86	0.83
0.40 〃	0.85	0.84	0.82	0.78
0.50 〃	0.82	0.81	0.78	0.73
0.60 〃	0.79	0.77	0.74	0.68
0.70 〃	0.76	0.74	0.70	0.63
0.80 〃	0.73	0.70	0.66	0.58
0.90 〃	0.70	0.65	0.60	0.53

（注） がけ地の方位については、次により判定する。
1　がけ地の方位は、斜面の向きによる。
2　2方位以上のがけ地がある場合は、次の算式により計算した割合をがけ地補正率とする。

$$\frac{\begin{array}{l}\text{総地積に対するがけ}\\ \text{地部分の全地積の割}\\ \text{合に応ずるA方位の}\\ \text{がけ地補正率}\end{array} \times \begin{array}{l}\text{A方位の}\\ \text{がけ地の}\\ \text{地積}\end{array} + \begin{array}{l}\text{総地積に対するがけ}\\ \text{地部分の全地積の割}\\ \text{合に応ずるB方位の}\\ \text{がけ地補正率}\end{array} \times \begin{array}{l}\text{B方位の}\\ \text{がけ地の}\\ \text{地積}\end{array} + \cdots\cdots}{\text{がけ地部分の全地積}}$$

3　この表に定められた方立に該当しない「東南斜面」などについては、がけ地の方位の東と南に応ずるがけ地補正率を平均して求めることとして差し支えない。

付表9

特別警戒区域補正率表 （平30課評2-49外追加）

特別警戒区域の地積／総 地 積	補正率
0.10以上	0.90
0.40 〃	0.80
0.70 〃	0.70

（注）がけ地補正率の適用がある場合においては、この表により求めた補正率にがけ地補正率を乗じて得た数値を特別警戒区域補正率とする。ただし、その最小値は0.50とする。

（参考）規模格差補正率（評基通20−2「地積規模の大きな宅地の評価」）

$$規模格差補正率＝\frac{Ⓐ \times Ⓑ ＋ Ⓒ}{地積規模の大きな宅地の地積（Ⓐ）} \times 0.8$$

イ　三大都市圏に所在する宅地

地積㎡ ＼ 地区区分 記号	普通商業・併用住宅 普　通　住　宅 Ⓑ	Ⓒ
500以上 1,000未満	0.95	25
1,000 〃 3,000 〃	0.90	75
3,000 〃 5,000 〃	0.85	225
5,000 〃	0.80	475

ロ　三大都市圏以外の地域に所在する宅地

地積㎡ ＼ 地区区分 記号	普通商業・併用住宅 普　通　住　宅 Ⓑ	Ⓒ
1,000以上 3,000未満	0.90	100
3,000 〃 5,000 〃	0.85	250
5,000 〃	0.80	500

（注）　1　上記算式により計算した規模格差補正率は、小数点以下第2位未満を切り捨てる。

　　　　2　「三大都市圏」とは、次の地域をいう。

　　　イ　首都圏整備法（昭和31年法律第83号）第2条((定義))第3項に規定する既成市街地又は同条第4項に規定する近郊整備地帯

　　　ロ　近畿圏整備法（昭和38年法律第129号）第2条((定義))第3項に規定する既成都市区域又は同条第4項に規定する近郊整備区域

　　　ハ　中部圏開発整備法（昭和41年法律第102号）第2条((定義))第3項に規定する都市整備区域

■著者略歴

東北　篤（とうほく　たかし）

昭和29年　　大阪市旭区生まれ
昭和52年　　不動産鑑定士第二次試験合格
昭和53年　　和歌山大学経済学部卒業
昭和53年　　大阪国税局採用
平成4年　　大阪国税局課税第一部資産評価官付評価係長
平成8年　　大阪国税局課税第一部資産評価官付主査
平成10年　　大阪国税局課税第一部資産課税課課長補佐
平成15年　　大阪国税局課税第一部資産評価官付総括主査
平成17年　　大阪国税局課税第一部国税訟務官
平成20年　　和歌山税務署副署長
平成23年　　大阪国税局総務部主任税務相談官
平成24年　　国税不服審判所（総括）国税審判官（神戸）
平成25年　　大阪国税局調査第二部統括国税調査官
平成26年　　泉大津税務署長
平成27年　　定年退職
　同　年　　税理士・不動産鑑定士　開業
平成28年　　イーストノース株式会社設立
令和元年　　国土交通省地価公示鑑定評価員
　　　　　　大阪国税局差押不動産等鑑定評価人
　　　　　　大阪国税局土地評価精通者
　　　　　　固定資産鑑定評価員

プロが教える　相続税調査の要諦　−調査官はここを見る!−

2019年12月23日　発行

著　者　　東北 篤 ©

発行者　　小泉 定裕

発行所　　株式会社 清文社

東京都千代田区内神田１−６−６（MIF ビル）
〒101-0047　電話03（6273）7946　FAX 03（3518）0299
大阪市北区天神橋２丁目北２−６（大和南森町ビル）
〒530-0041　電話06（6135）4050　FAX 06（6135）4059
URL http://www.skattsei.co.jp/

印刷：大村印刷㈱

ISBN978-4-433-62269-5